U0654021

中小学信息科技单元教学：思与行

周　纯　编著

上海交通大学出版社

内容提要

  本书在研究和继承国内外信息科技单元教学经验的基础上,以新一轮基础教育课程改革为背景,以基层信息科技教师实施新课程的困惑与障碍为出发点,以提高单元教与学的有效性为目标,以系统论的视角结合课程论、教学论、教育技术学等原理,揭示中小学信息科技单元教学是什么和为什么,帮助教师实现由知识本位转向素养本位的教学。本书从实际教学出发,以优秀教学案例分析为手段,详细介绍"中小学信息科技单元教学现状""中小学信息科技单元教学设计""中小学信息科技单课教学设计"和"常见单元教学类型例析",从这四个部分为读者呈现实现有效单元教学的丰富策略、途径与方法,力图把单元教学设计的新理念、单元教学的过程设计有序统整,达成"纲举目张"之效。

图书在版编目(CIP)数据

  中小学信息科技单元教学：思与行/周纯编著. —
上海:上海交通大学出版社,2022.9
  ISBN 978 - 7 - 313 - 26742 - 9

  Ⅰ.①中… Ⅱ.①周… Ⅲ.①计算机课-教学研究-
中小学 Ⅳ.①G633.672

  中国版本图书馆 CIP 数据核字(2022)第 059761 号

中小学信息科技单元教学：思与行
ZHONGXIAOXUE XINXI KEJI DANYUAN JIAOXUE：SIYUXING

编 著：周 纯
出版发行：上海交通大学出版社   地 址：上海市番禺路 951 号
邮政编码：200030   电 话：021 - 64071208
印 制：上海新艺印刷有限公司   经 销：全国新华书店
开 本：710mm×1000mm 1/16   印 张：11.75
字 数：210 千字
版 次：2022 年 9 月第 1 版   印 次：2022 年 9 月第 1 次印刷
书 号：ISBN 978 - 7 - 313 - 26742 - 9
定 价：98.00 元

版权所有 侵权必究
告读者：如发现本书有印装质量问题请与印刷厂质量科联系
联系电话：021 - 33854186

序言

随着新课程标准、新教材的推进,学科核心素养的提出为课堂教学带来了新的挑战,单元教学被认为是撬动课堂转型的一个支点。单元是依据课程标准,围绕主题(专题、话题、问题)或活动等选择学习材料,进行结构化组织的学习单位,单元教学设计的要素有目标、内容、活动、作业、评价等,是教师分解、传递和落实课程目标的关键一环,是统整单元内所有课时目标、各个教学要素的主要手段,是对教学内容做"结构化"处理的主要抓手。唯有当各要素在单元整体中体现各自应有的功能、发挥各自的作用,且彼此关联时,所形成的单元教学结构才能得到优化,发挥单元教学的效益。

然而,对于一线信息科技(技术)的教师来说,想要紧跟教育研究的趋势,在教学中设计与实施单元教学,选择合适的教学方法,绝非易事。相比单课教学,单元教学显然要复杂得多,这种复杂性往往让人们不容易面对课堂真实的状况,因此架构理论与实践的桥梁是当务之急。正如本书的书名所言——思与行,作者不仅有很长时间的一线教学经验,也有丰富的教研经验,追求卓越的教学,是信念也是行动。一方面她扎根课堂,观察大量的现场教学;另一方面她力求超越课堂,对教学问题做出专业的判断,多年来形成严谨细致的教研风格。无论在指导教师开展单元教学设计,还是在空中课堂视频课指导工作,她都有着能够将教学内容进行结构化设计的独特能力,能在复杂的情况下,给出清晰的路径、务实的操作方法以及提供专业的建议,为很多教师注入专业发展的力量。

本书是一本单元教学的指引,也是一本单元教学实践的操作手册。本书追溯了单元教学的起缘与发展,提供了单元教学的设计流程与方法,不仅仅提供了单元主题、单元目标、单元活动、单元评价等要素的设计步骤,更重要的是说明了这些要素背后如何认识目标确定、整体设计、分步推进、环环相扣的设计思路,关注学科的核心素养。本书为教师解答单元教学的关键问题,也便于教师在日常教学中根据学情调整内容布局、课时安排,发挥各自的智慧,推进教学质量的提高。

此外，单元教学被关注的原因是"以课时为单位的教学导致知识碎片化"，然而我们也必须看到，无论以何种理念、何种目标为取向开展单元教学设计，现实是学校教学都要在当前和以后相当长一段时间内以"课"为时间单位进行组织，最终必须将重组的内容按照课时进行安排，也就是转化为课时设计。因此，解决所谓"碎片化问题"的出路并非教学设计所需要的时长，揭示教学内容之间的关系，怎样组织单元是中心问题。本书考虑学校课堂教学的现实场景，延续教师单课设计的习惯，提供单元视角下单课设计的建议，同时对单元教学中如何基于素养培养，开展概念教学、技能教学、项目活动以及跨学科项目的实践，给出相应的设计策略与教学实践指导。选择的案例既凸显学科特点，又兼顾学科内容的覆盖面，也考虑具体案例分析和所涉及的教学设计方法与规范，生动地说明单元教学是一门原理不难、应用不易的实践智慧。当然，提升单元教学设计的能力不可能一蹴而就，也不可能一劳永逸，它需要经历种种迷茫、困惑、感悟、发现的过程，也正是在这样的过程中提升对单元教学设计与实施的智慧。期盼通过本书，让更多的信息科技（技术）教师获得不一样的启发，感受单元教学的优势，创造更多优秀的单元教学设计案例。

上海市教育委员会教学研究室　**张　汶**

2021 年 7 月

毫无疑问,信息科技教学是要培养学生的学科核心素养。

孜孜不倦,信息科技教师们努力做学科核心素养的"践行者"。

毋庸置疑,核心素养时代的"新教学"是指向深度学习的单元教学。

新课标提出了学科核心素养:信息意识、计算思维、数字化学习与创新、信息社会责任。每一位信息科技教师都在思考一个核心问题:如何更好地培养信息时代学生的信息科技学科素养?在学科核心素养落地的实践过程中,不少教师存在一定的困惑:同一技术领域的知识和技能分散在不同年级,怎样设计才能既不重复又能很好地提升信息素养呢?如何设计才能让学生在掌握技能之余能灵活运用呢?怎样才能让学生在活动中弄清楚技术的前后联系?这些棘手的问题,迫切需要解决。如何基于学科核心素养的要求,重视单元教学设计,直指学生的学科深度学习,这些正是本书探索的目的所在。

本书的第一章,从教师教、学生学的视角探讨了中小学信息科技单元教学的现状。本章分别从两个方面进行探讨:一是分析单元教学的实施情况,二是阐述单元教学的本质。中小学信息科技单元教学是和学科一起发展,经历了从无到有并不断发展的过程。因此,单元教学要透析本质,开展结构化的教学组织。

第二章重点论述了单元整体设计的方法,即针对单元教学的四个主要环节:单元主题、单元目标、单元活动和单元评价,分析相应环节设计的重点、原则和方法。

第三章针对单元中单课时教学设计的方法进行了阐述。指向核心素养培养的单元设计视野下的单课时设计,与以往单课时设计定位是不一样的,本章从单元整体的视角,具体分析了单课时目标、教学内容、教学模式、教学评价的设计依据和方法。

第四章围绕单元设计的实践,对中小学信息科技常见的四类单元教学类型,即概念教学、技能教学、项目活动教学、跨学科项目活动教学,进行理论与案例分析，介绍这四类单元教学类型的特点和基本实践范式。

本书是 2021 年度上海市教育科学研究项目"单元视角下初中生计算思维发展模型的建构和实践应用"(C2021273)的阶段成果。在本书撰写的过程当中，得到了不少人的关心和帮助。感谢张汶女士为本书作序，并对本书编写提供了许多帮助和建议；感谢项目组成员和闵行区信息科技教师，在教研活动中相互启发、团结协作，研发了许多宝贵的单元教学实践案例。

因信息科技更新快、领域广，本书案例也有待进一步的迭代更新，书中难免有不足或疏漏的地方，恳请读者谅解的同时给予批评指正。期待本书能够激发信息科技教师同行一起开展指向学科核心素养培养的单元教学实践，让我们携手一起为培育每一名学生面向未来的信息素养而努力。

上海市闵行区教育学院　**周　纯**

2021 年 8 月

目录

第一章

中小学信息科技单元教学现状

进入新世纪以来,世界各国的课程改革都关注学生核心素养的培养,并已步入素养的时代。随着课程目标从知识导向转为素养导向,以往以"课时""知识点"为基础的传统教学设计很难与素养培养目标相适应。"单元"是以统摄为核心,按照学习的逻辑组织起来的、有组织的、有意义的学习单位,是一种以达到学生素养培养为目标的小型课程详划。可见,"单元教学设计"应当成为教学实施的一个核心要素。本章将分析当前中小学信息科技单元教学的现实需要和内在特征,在此基础上探讨中小学信息科技单元教学的本质。

第一节　中小学信息科技单元教学的"优"与"忧"

信息科技教学是落实信息科技学科目标、引导学生达成信息科技学业质量标准的基本途径。学生在信息科技学科中,能获得使其终身受益或广泛受益的,既包含具体的信息科技学科基本知识和技能、信息科技背后的科学原理,也包含影响学生计算思维和用计算机解决问题的具有学科特点的认识论和方法论,还包含对学生在信息社会的世界观、人生观和价值观产生影响的学科思想观念。掌握具体的信息科技学科事实性知识是非常重要的,但更为重要的是要学习用学科知识解决问题的过程中逐渐形成的信息社会责任、必备品格和关键能力。所以,让学生准确地、牢固地形成信息科技核心素养,是信息科技教学的主要任务。然而培养学生核心素养并不能一蹴而就,需要教师逐渐渗透于长期的学科教学实践中,以单元为整体的教学策略,有利于合理安排教学环节,逐步达成教育目标。

然而当下的中小学信息科技单元教学，或多或少的都有寓言故事《鱼就是鱼》中的场景：

案例1-1：寓言故事《鱼就是鱼》

曾经有一条鱼想知道陆地上发生了什么，由于它只能生活在水中，所以它一直无法了解。有一天，它和小蝌蚪成了好朋友，小蝌蚪长大了，变成了一只青蛙，就可以跳上岸去了解陆地上发生的事情。几周后青蛙回来和鱼描述它所看到的陆地上发生的事。青蛙介绍了几种陆地上的动物：鸟能在天上飞来飞去，它的背上长了一对翅膀；牛吃的是草，挤出来的却是奶，牛的头上长了两只角，身上长了四条腿；还有许许多多的人，他们用两条腿直立行走，用两只手取物工作，人有男有女，有老人有小孩……经过苦思冥想，鱼在自己的头脑中形成了鸟、牛、人的形象（见图1-1）。

图1-1 鱼就是鱼

在鱼的认知中，每一种生物都带有鱼的特征：鸟就是在背上多出两个翅膀的鱼；牛就是长了角和腿的鱼；人被想象成站立的鱼，鱼尾旁边还长出两条腿，而胸鳍则变成了两只手。这则寓言故事既能让我们忍俊不禁，也能引发我们的反思：知识（鸟、牛、人的客观形象）是被教师（青蛙）在一个个独立的教学场景中有意无意垄断了的概念，学生（鱼）不能够直接面对知识发生过程，对知识难以建立清晰的结构。然而，如果"青蛙"采用连续的场景层层递进，加强对知识内涵和外延的理解性解释等手段进行教学，"鱼"对鸟、牛、人等知识的学习一定会呈现出不一样的结果，或许会更接近"鱼"。这里就蕴含着单元教学中教与学定位的选择、教与学方法的选择等一系列问题。

一、教与学的定位

寓言故事给我们的第一个重要启示是,教师在零散的场景中给学生教授的知识很难做到覆盖事实的全部。建构主义强调:知识不是以实体形式存在个体之外,虽然利用语言表达可以给予知识一定的外在形式,但是这不意味着学习者对同一种知识会有相同的理解。因此,在学生学习的过程中,其实就是在具体情境中结合自身经验对知识进行再造、理解的过程。这就是寓言中鱼对所有概念的理解都脱离不开"鱼性"的原因所在。既然学习是学生在具体情境中结合学习和生活经验背景,产生的对知识进行自主建构的过程,那么信息科技单元教学应如何处理学科知识、学科能力、核心素养之间的关系?如何处理教师与学生、学生与学生之间的关系?

1. 学生主体与教师主体

教学主体是由教师和学生组成的主要群体,他们在教学活动中相互融合,是不能完全分离的,而且耦合的方式是与教学的组织形式、活动的展开形式等多种因素相关联。随着学科课程改革的深化,信息科技教育倡导以学生为中心,利用多样化的教学方式,从注重知识技能的获得转变为提升学科核心素养,促进学生建构对信息科技知识技能的理解,同时关注学生在信息社会的全面发展。单元整体教学成为实现教学目标多维、教学方式多样、整合优化教学的重要方式。

通常,教师们常常会从"以学生为本"的角度来分析单元教学中自己的教学行为,却较少从"为本的学生"的角度思考教学。有时即便会从"为本的学生"的角度思考,也仅仅局限在对学习结果或学习过程的反思,较少考虑学生对于学习的真正感受的思考,例如,是否对自己的学习过程和学习结果满意。如果教学设计中缺少对学生对学习的感受与分析,那教师原以为的"生本"还是会成为"本本"或"师本"。"本本"是表现在学生的学习内容由教材所局限的方面,而"师本"主要体现在学生的学习活动或过程主要由教师主导的方面。

"生本"缺少的单元教学,一方面,学生的学习差异会成为单元教学过程的顽疾。在信息科技教学中,表现最明显的就是学习速度与时间,对于教师的学习任务,有些学生能很快完成,而有些学生很长时间也完成不了。分析原因,这里既有学生原有知识技能掌握的问题,也有个体学习思维和能力差异的问题。有些教师常常在教学过程中只抓住中间的学生,无法兼顾到两头的学生,导致不能切实关注到每位学生的学习情况。另一方面,学生学习低投入的现象会带来浅层学习的弊端。一项有关 S 市某区的信息科技学习投入度测评研究表示,学生信息科技学习中存在不少表面、表象、表层的"三表"投入现象。对于一些学生而言,学习意味着在教室或机房里听教师讲课,努力记住一大堆学科知识,模仿一大堆技术操作,完成作品制作。学生学习的"三表"投入现象映射出学生不投入、学习不深度、教学不深刻的问题,导致浅层学习的产生。学生浅层学习的问题不解决,信息科技教学的困境就会越陷越深。

可以看出,为了在课堂上有效实施"以学生为本"的教育理念,教师应更加注意学生对学习过程和学习成果的主观感受,并据此进行管理或协调教学中的各种教与学关系,例如教学预设和教学生成、学生自主和教师指导,教师应提供学生的个体差异和启发、学生在学习过程中的主观感受等。单元整体教学是使教学目标多样化,教学方法多样化和实施整体教学的有效策略。它着重于教学单元中知识的逻辑和结构,并着重于学生的认知发展。从学生知识认知的发展角度进行单元设计,构建学生对知识认知增加、深度发展的教学价值,可以从知识获取的教学转变为促进学生认知发展的教学。

2. 知识、能力与素养

教育部《关于深化教学改革,培养适应 21 世纪需要的高质量人才的意见》明确指出:"在知识传授与能力、素质培养的关系上,要注重素质教育,融知识传授、能力培养与素质提高为一体,相互促进,协调发展。"

从知识与技能维度上看,人们把信息的生产、传输、控制、识别等方面应用技术总称为信息技术。从信息处理过程的角度来看,将信息技术分为信息采集、信息加工、信息传递、信息管理和信息交流等。从具体表现形式的角度来看,将信息技术分为感测技术、通信技术和计算技术等。信息科技进入基础教育,成为中小学的一门基础型学科,从学科层面来看,只有让学生掌握学科基本知识与技能、技术原理以及知识与原理的内在关系,才能更好地用计算机解决实际问题。

从能力维度上看,信息科技学科的任务是培养学生获得利用信息科技知识和技能解决问题的能力和方法。学生随着信息科技学习活动的进行,可以利用信息科技解决学习或生活中的一些问题;可以对自己或他人在问题解决过程的方法进行评估和反思;可以利用信息科技明确信息需求、选择合适的获取信息的策略、对信息进行加工整理、制作数字作品以及对数字作品进行展示和评估。利用信息科技解决问题的能力培养,就是对信息科技知识学习后的应用延伸,是将学生的学习和生活与信息技术相关联,有助于加强学生对学科学习的理解,提高其计算思维能力,增强自主探索、合作交流的能力。

从素养维度上看,信息科技的变革既是科学技术的革命,同时也改变了个体与社会的价值观、伦理观。学生在信息社会的全面发展,体现在信息社会的信息活动中,学生在感受信息科技给生活和学习带来便利的同时,也有必要了解信息科技带来的不良影响。对学生而言,了解信息科技使用时的局限性,可以在利用信息科技解决日常生活问题时,自觉遵守信息社会的法律规范,维护自身在信息社会中的良好行为规范。所以,在进行信息科技单元教学时,还要考虑培养学生正确的信息情感以及合理的信息技术价值观。

　　知识、能力、素养融合在一起是学生在接受信息科技教育过程中,逐步形成的学科知识、学科能力、学科观念的综合表现。知识、能力、素养互相支持,互相渗透,一起融合,达成培养学生信息素养的目的。教育部《关于全面深化课程改革,落实立德树人根本任务的意见》指出中小学课程改革与立德树人的要求还存在一定差距,提出各学科发展的学生核心素养体系,阐明学生应具备的必备品格、关键能力、正确的价值观念。2020年印发的《普通高中信息技术课程标准(2017年版2020年修订)》,就明确界定了学科核心素养的具体内容(见表1-1)。

表1-1　学科核心素养

要素	具体内涵
信息意识	信息意识是指个体对信息的敏感度和对信息价值的判断力。
计算思维	计算思维是指个体运用计算机科学领域的思想方法,在形成问题解决方案的过程中产生的一系列思维活动。
数字化学习与创新	数字化学习与创新是指个体通过评估并选用常见的数字化资源与工具,有效地管理学习过程与学习资源,创造性地解决问题,从而完成学习任务,形成创新作品的能力。
信息社会责任	信息社会责任是指信息社会中的个体在文化修养、道德规范和行为自律等方面应尽的责任。

　　核心素养在新课标中提出和运用,与以往的知识和技能相比,核心素养凸显了情感、态度、价值观的重要性,更强调知识技能、过程方法、情感态度三者之间的整合以及与情境之间的互动。教学设计的最终目的是以最优化的方式分析和解决教学问题,并把教学理论、学习理论、传播理论等理论知识恰当地在教学实践中运用。教学设计是对教学内容进行设计,确定合适的教学目标,合理安排教学要素,选择恰当的教学方法,最终形成完整教学方案的一个过程。单元教学设计不仅是一种促进课堂转型的设计方法,更是体现了一种对信息科技进行整体

教学的思想。单元教学设计提倡教师在把握单元整体的情况下，对具体的教学内容进行处理，注重知识之间的内在联系，注重信息科技内容的本质，需要教师整体把握课程与教学的能力，帮助学生建构完整的知识体系，同时提升自身的信息科技学科素养，从而促进学生信息科技核心素养的发展。

二、教与学的方式

随着信息科技的快速发展和知识经济时代的到来，技术的创新、存储和传播正在发生巨大的变化，原来对技术"普遍性"和"中立性"的特征认定，开始被解构和质疑，取而代之的是更为关注对技术"文化性"和"境遇性"的认知判断。可见，对技术认知的观念从原来对客规事物的真实表征，转变为由主客体相互影响产生的结果。从这个角度来看，我们对于寓言故事《鱼就是鱼》的思考是：对话与交流的过程、社会协商应该成为学生学习的过程。鱼之所以在头脑中建构了与客观现实不完全一致的概念，原因之一是缺乏与青蛙或环境的对话交流，缺少与其他鱼的交流互动，即社会协商。因此，教与学方式的差异，必然对信息科技学习产生影响。

1. 意义建构与机械训练

信息科技单元教学的过程不是教师简单教给学生学科知识的过程，而是教师帮助学生建构学科知识的有意义的过程。因此学生不是信息科技知识的被动接受者，而是需要经历不同学习阶段，把学科知识与技能的性质、规律以及知识之间的内在联系有效迁移，完成对新知识的学习，并能对新知识建立逐步的理解，形成对所学新知识的认知结构，建立自己对信息科技原理与本质的独特理解视角。这种意义建构是不能由他人代替的。

例如，在教学计算机硬件的原理时，学生对于计算机充满好奇，能够识别一些常见的计算机外部设备，使用一些常见的软件。但这些分散的知识点与能力间缺乏实际的联系，因此难以展开对计算机系统整体性及原理上的认知与思考。另外，学生对于计算机主机内部结构认识不是很清晰，平时接触少，缺少相关生活经验。只有极少部分学生能够说出中央处理器、内存、硬盘等主机内部硬件设备的名称，对于它们的功能、作用、认知更多是片面或者错误的，更谈不上归纳出五大逻辑部件及性能指标等更进一步知识。因此，对于计算机外部设备的组成及特点不需要教师做过多讲解，根据同化理论，学生可以从已经识别的计算机外部设备，结合讨论和分析进行意义建构，进而得出其他同类计算机外部设备的作用。但是，关于五大逻辑部件及性能指标的知识都是全新的，学生必须调整自己学习计算机硬件外部设备时的认知来学习五大逻辑部件及性能指标的相关知识。

学习者把外部要素整合到自己知识结构中的过程是同化,就像上述计算机外部设备的学习那样。但刚学习五大逻辑部件及性能指标时,学生认知中几乎没有与五大逻辑部件及性能指标相关的知识结构,此时学生就不能利用原有的知识结构,同化对新知识的刺激,还需要对原有知识结构进行修改和重建,来适应五大逻辑部件及性能指标知识的学习,这就是顺应的过程。

意义建构的两个基本过程是同化和顺应,它们是相伴而行的。当学生学完TCP/IP 协议(传输控制协议/互联网协议)的主要功能后,产生了新的关于计算机网络协议的知识结构,当学生开始学习 SSL Protocol(安全套接层协议)、IPsec(互联网络层安全协议)等协议时,学生就开始尝试将新知识加入原有的协议知识结构。如果同化过程成功了,便丰富了原有的计算机网络协议知识结构;如果同化过程没能成功,学生就可能尝试改变原有的知识结构,重新建立起新的知识结构,帮助其能够掌握其他的常用网络安全协议的相关知识,这时顺应就发生了。学生在从一种网络协议到一类网络协议的学习中,既有同化过程又有顺应过程。

一般而言,不同类型的知识和技能需要用不同的方法进行学习。对于制作和使用精彩的演示文稿(PPT)这样的技能,是需要通过多次作品训练才能掌握的。算法流程图的规范也需要适量的训练才能很好地掌握。这些训练需要设置合适的训练情境、选择合适的训练方法、安排合适的训练量,这种必要的科学训练与一味的机械训练是有区别的。

学习方式的变革应该更关注学生的"学",在单元教学过程中,教师要创设问题解决的环境,有目的、有针对地帮助学生主动建构知识。同时,教师要时刻关注、探查学生头脑中对于知识与技能真实的形成、建构过程,在学生需要脚手架时,适时提供支架、帮助和指导,将学生引入学科知识的深度学习,引发自律性、自主性、自觉性学习行为的发生和学习习惯的养成,进而实现复杂认知能力的提升和学科核心素养的培育。

2. 接受式学习与发现式学习

接受式学习和发现式学习是常见的两种学习方式。接受式学习是指教师直接用结论的方式呈现给学生学习内容,学生在此过程中只是知识的接受者。发现式学习是指教师以问题、活动、项目等多种形式,间接地呈现给学生学习内容,在此过程中学生是知识的发现者,而教师的身份是学习的促进者。两种学习方式没有简单的对错之分,都有其存在的意义和价值,也没有绝对的优劣之分,它们是相互补充、相辅相成的关系。

以图像编码的单元学习为例。有教师在图像编码单元第一课就要求学生背诵图像容量的计算方法，紧接着进行各种类型图像文件大小的计算教学。我们知道，若把位图图像放大数倍，会发现图像由许多小点所组成，这些小点就是构成图像的最小单位——像素。每个像素的信息（颜色）需要一个或更多的二进制位来存储，二进制位数决定一幅图像所能包含的最大颜色数，二进制位数与所能表示的颜色数的关系是：$2^{\text{位数}}＝$颜色数，例如：2^8 能表示 256 种不同的颜色，二进制位数越多，颜色数越多。图像分辨率表示一幅图像的总像素数，像素越多，图像就越清晰，位数越多，图像的色彩就越丰富。这些知识是学习图像容量的基础与前提，因此什么时候开始学习、以何种方式学习很有讲究。如果教师向第一次走进信息科技课堂的学生布置记忆图像容量这样的任务，即使教师告知学生记住这些内容多么有用，但学生面对"只知其然不知其所以然"的计算公式，必然是兴趣全无。只是背出概念和公式，再套用概念和公式，强调的是让知识能被接受与掌握，忽视的是让知识被学生探究或发现而获得。这样学习的过程就变成单纯被动地接受和记忆的过程，反而会导致学生的知识学习受到阻碍。

另一方面，如果只是片面地强调发现式学习也有不可取的地方。如某节课是关于体验两台计算机之间实现信息传输的实验，教师请学生参照实验操作提示，根据实际需求，先完成信息传输载体的选择，连接两台计算机，再在操作系统中查看已安装的网络协议，并查看和设置 IP 地址，最后通过文件共享操作，完成两台计算机之间的信息传输。机房里马上就热闹起来。但学生在实验中，连接操作不规范、共享设置不当、步骤前后颠倒等情况层出不穷。

《基础教育课程改革纲要（试行）》中指出，要改变课程实施中过分强调接受学习、死记硬背、机械学习的现状，倡导学生主动参与、乐于研究、勤于动手，培养学生搜集和处理信息的能力、获取新知识的能力、分析和解决问题的能力以及交流与合作的能力。美国教育心理学家布鲁纳提出的发现式教学与纲要所提的目标不谋而合，其目的就是帮助学生学会独立学习，引导学生独立探索和获取知识。信息传输的实验是非常好的发现式教学素材，教师在进行教学设计时清晰地意识到了这一点，因此安排了关于"两台计算机之间实现信息传输"的探究实验。然而这一基于发现式学习理念的教学设计，却由于教师探究指导的缺失、学生实验设计的缺失，显示出学习过程随意、学习结果低效等特征。这是一种典型的"放羊式"教学，热热闹闹的表象并不能给学生带来知识的掌握、能力的提升、素养的培育，反而会带来不佳的学习习惯和不高的学习效率。布鲁纳在强调发现学习的同时,并没有完全否认教师的作用,而是强调教师在开展发现学习的过程中,要形成一种学生能够独立探究的情境;要结合学生的实际生活和学习已有经验,合理组织教材;要根据不同年龄学生的心理发展情况,合理安排教学的逻辑顺序;确保教学材料的难易度适中,以持续保持学生的内部主动学习的动机。

3. 验证实验与探究实验

法国哲学家、教育家卢梭认为,教师要提供能激发学生兴趣和思考,最好是通过可以让学生激动起来的学习活动。德国哲学家康德把这称为人类理解力的重要基础之一。经历了一个多世纪后,心理学家皮亚杰等借助实验纷纷验证了:儿童可以在行动的过程中,获得持续学习的动力,以便更好地进行学习。这些都为信息科技学习中重视实验教学奠定了理论基础。但是验证实验和探究实验的教学效果是完全不同的。探究性实验更为重视探究的过程,这就需要教师在设计教学策略中多考虑开放性、合作式的学习方案。验证性实验具有封闭性、严谨性的特点,通常适合培养学生基本技能,可采用讲授法、模仿法等教学策略。

✏️ **案例 1-2:分析图像的总像素与存储容量关系的师生活动** ·················

教师:打开"24 位位图. bmp"文件,观察文件属性信息,记录该文件的宽度、高度、大小。

学生按照教师要求完成文件属性的观察与记录,部分同学没有记录单位。

教师:再请同学们打开"24 位位图-50%. bmp"文件,观察文件属性信息,记录该文件的宽度、高度、大小。

学生按照教师要求完成文件属性的观察与记录,部分同学依然没有记录单位。

教师:通过实验,我们观察到"24 位位图-50%. bmp"的文件约为"24 位位图. bmp"文件的 50%,能说明图像总像素与图像存储容量的关系,图像像素越多,所占用内存越大。

案例 1-2 呈现的教学过程可以称为"牵牛式"探究:片段中教师不仅为学生规定了查看文件属性信息的内容,而且对查看文件的先后次序也做了规定,学生对单位概念的模糊教师也视而不见,结论也是换一种形式告知学生。这种"牵牛式"探究的教学效果甚至不如直接使用验证性实验。在探究性实验中,一般都要有问题驱动,学生在问题驱动下引起探究和学习的欲望,能较大限度地调动学生开展实验的主动性和积极性。在实验操作过程中,因为教学没有完全制定好的实验步骤可以借鉴，学生只能通过自己动脑分析、亲自动手尝试，如果遇到问题，教师在一旁只是给予一定的指导或提供参考建议，引导学生对遇到的问题进行积极反思、观察现象、分析原因、积极主动解决问题。在这样的实验中，学生可以对实验目的、原理有更深刻的理解，从而达成对所探究的知识实现一个主动建构的过程。

第二节　中小学信息科技单元教学的本质

一、中小学信息科技单元教学的研究

1. 单元教学的研究文献统计

（1）研究成果数量并不充足。

截至 2021 年 4 月，在中国知网（CNKI）上以主题为"单元教学"进行检索，找到 11 154 篇相关文献，细分这些文献的研究主题，主要包含 10 类研究主题，如单元主题、教学单元、教学模式、教学设计、单元目标等，其中"单元教学"研究主题占比最大，"单元设计"占比最小。研究主题的多样性意味着在"单元教学"研究中存在诸多研究问题，值得广大学者进一步探索与思考。

检索结果与信息科技学科相关的文献大约有 375 篇，仅占 3.4%。其中，中小学信息科技学科单元教学研究 45 篇，篇数较少意味着在信息科技学科中单元教学的研究成果数量十分不足，受关注程度十分欠缺。然而，单元向上与课程目标承接，向下统领单元内的每个单课时的目标、教学内容、教学活动和教学评价等。由此可见，单元教学是教师在解读、分析和落实信息科技课程目标的重要环节，应该引起中小学信息学科一线教师们的重视与关注。

（2）研究成果趋势呈现曲折波动。

中小学信息单元教学成果数量呈波动增长的趋势，教育部于 2000 年召开了中小学信息技术教育会议，这次会议推动了信息技术教育在中小学阶段的发展，随着学科教育的普及，有学者关注到了学科单元教学，在 2003 年开始出现相关研究成果。此后，连续 5 年没有出现相关论文文献，直到 2008 年才重新出现。聚焦近五年的研究情况，研究成果数量趋势呈现波动回升，意味着学者们对于中小学信息学科单元教学的研究热情持续升温，表明中小学信息学科单元教学研究中蕴藏意义与价值，值得广大学者向更深入、更专业的方向迈进（如图 1-2 所示）。

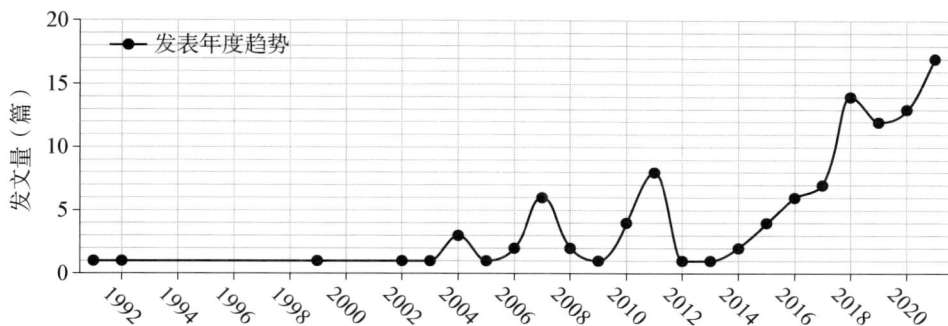

图 1-2　1992—2020 年我国"中小学＋信息＋单元教学"文献数量年度变化趋势图

（3）研究成果的研究内容逐渐丰富。

中国知网中关于信息学科单元教学研究文献,有 77％ 来自学术期刊,23％ 来自硕士论文,没有博士论文。从研究内容来看,学术期刊上的研究文献主要以某一个单元教学为例,分享这一单元教学设计的经验与心得,而硕士论文能够更加完整地介绍单元教学研究的背景、意义及内容,更加全面地阐述单元教学策略、教学设计方法、教学要素等。尽管研究成果与研究内容逐渐丰富,不得不正视学术期刊文献与硕士论文的悬殊比例,说明在目前的研究成果中,更多聚焦于一线教师,关注度不高,系统性的研究成果较少。不仅如此,目前的研究成果落后于新课标教学理念,2017 年版《普通高中信息技术学科课程标准》中,明确提出信息学科是一门面向学科核心素养的信息技术教育,如何在单元教学中发展学生信息核心素养,值得一线教师或其他研究学者系统地深入研究。

2. "单元教学"的概念解释及发展

对于单元教学概念,不同的学者观点并不完全一致,如有的学者是在观点中提到"单元教学",有的学者尝试对单元教学做出解释,下表 1-2 针对有代表性的解释进行呈现。

表 1-2　不同学者对单元的观点

时间	作者	出　处	观　点
1925 年	梁启超	《中学以上作文教学法》	开始把"组"的概念提出来,深究其根本就是单元教学。
1985 年	王策三	《教学论稿》	站在教学角度,提出把学习内容划分为较大的单元,并把这种较大的单元称为教学单位。

（续表）

时间	作者	出处	观点
1992 年	王敬东	《教学法词典》	站在教材角度,提出根据知识的系统和结构,考虑学生的实际水平,将教材的内容划分成多个单元,以单元内容的形式组织教学,并称之为单元教学。
1992 年	张祖忻等	《教学设计——基本原理与方法》	站在课程角度,提出教学系统设计包括对一门具体课程、教学单元、相应课时等的设计。单元教学设计属于这个教学系统设计的一部分,它是连接课程教学设计和课时教学设计的重要桥梁。
2009 年	夏征农陈至立	《辞海》	单元教学,可以把各种相关的知识综合在一起,形成统一的教学单元,让教师根据一定的方式进行教学。

由上表可见,2009 年之前,学者们关于单元教学概念的观点比较笼统,并没有明确定义单元教学概念,但是毋庸置疑,不同角度的解读逐渐揭开了单元教学的神秘面纱,为后续研究的学者提供参考。2009 年,夏征农和陈至立关于"单元教学"的解释体现了单元知识的综合性和单元教学的有序性,更加接近当下各学科单元教学的情况。

为了更好地把脉单元教学研究的脉络,对国内外单元教学研究情况进行梳理。表 1-3 是国外单元教学发展史的一些代表人物提出的观点简介。

表 1-3 国外单元教学观点

作者	观点
德可乐利	强调从儿童的兴趣出发,通过联想迁移到学习,根据学习中可能遇到的各种问题有机结合相关知识,经过"观察、联想和表达"三步教学法,从而确定单元主题、教学内容、教学模式,最后形成教学单元。
克伯屈	创造了单元教学法,包含四个主要方面:决定目的、制定计划、实施计划、评判结果。指出单元设计围绕一个需要解决的实际问题,应以学生有目的的活动为本,活动必须有利于学生经验的增长,在活动过程中学生自己设计方案并实施,这样学生才能得到真正的发展。
莫礼生	莫礼生单元教学法指出学生学习最重要的目的是学习完整的生活经验,即学习单元,而非机械地记忆碎片化的知识,提出通过"探究-提示-吸收-组织-表达"五个教学步骤引导学生学习或解决问题。

（续表）

作者	观　　点
莫里逊	提出从教材内容的特点与联系出发，可以将内容划分成若干个单元，单元内有明确的学习先后次序，通过"问题-提示-理解-推理"四个教学步骤帮助学生掌握教学内容。
布鲁姆	"掌握学习"理论，围绕单元教学展开教学，将教学内容细分成较小单元，也强调了前后单元有明确的学习顺序，只有通过前一单元测验，达成前一单元目标才能继续下一单元的学习。
沙塔洛夫	提出"大单元"教学的思想，指出要对教材进行整合加工，将零散的、小块的知识联结起来，组成整体的、大块的知识，也就是对将教材再加工，联结成一个个大单元。

　　纵观国外单元教学研究的历史进程，以问题为中心的单元教学，关注学生认识世界的整体把握，因而单元学习具有实践性和体验性的特点。对于以学科为中心的单元教学而言，学习的过程凸显对知识的教学和对内容的掌握，过程中更为关注培养学生知识内容理解的深度。虽然这两类单元教学存在差异，但是均按照单元基本单位展开教学，其中的单元教学指导思想、单元教学方法等都能为今后进行单元教学的深入研究提供许多借鉴。

　　伴随着"五四"与"新文化"两场运动，国外单元教学的思想与方法传入我国，引起了当时一些学者的关注。表1-4是国内单元教学发展史的一些观点简介。

表1-4　国内单元教学观点

时间	出处	观点	意义
1922年	《中学以上作文教学法》	提出了"组"，深究其根本就是单元教学。	标志我国单元教学研究拉开帷幕。
20世纪80年代	上海在中小学阶段以兴趣小组、社团活动等形式开展计算机教学	开启了计算机教育的篇章，学习内容以计算机编程为主，单元以"操作系统"和"程序设计"为主。	尚未形成稳定的学习单元。
20世纪90年代	《面向21世纪上海市中小学信息科技学科教育改革行动纲领》	以信息处理为主线的单元设计，以应用软件为载体、以模块组合为结构的内容设计和教材编写思路。	有主线的单元设计和模块组合的教材，奠定了学科单元设计与实施的基础。
2004年	《上海市中小学信息科技学科标准（试行稿）》	教材的单元设计突破了仅以知识为主的组织方式，设计了项目教学式综合学习单元。	以项目教学的设计与实施为特征的单元教学设计开始实践。

（续表）

时间	出处	观点	意义
2017 年	《上海市信息科技学科教学基本要求》	学科单元的内容结构和学习要求是教材编制、课堂教学和评价的依据。	这些中小学信息科技稳定而结构合理的单元设计,有助于帮助教师深入研究与实践单元教学设计。
2018 年	《上海市中学信息科技单元教学设计指南》	明确了信息科技单元教学设计的主要内容,并且设计了流程、属性、路径、策略等规格。	为一线教师开展单元教学设计提供具体方法。

从中小学信息科技"单元"发展历史上看,"单元"界定从无到有,经历了一个不断发展的过程。对于信息科技单元的概念可定义为:单元主要是依据课程标准,根据学科知识、综合主题、项目式教学、跨项目式教学等形式,有针对性地组织学习材料,并对其进行结构化地处理,从而形成新的教与学的单位。剖析中小学信息科技单元教学发展,研究范围和层次不断扩大与深入,单元教学的概念进一步明确与完善。随着新一代"数字土著"的成长,信息时代的背景赋予信息科技学科新的使命与任务,单元教学需要不断与时俱进,特别是在当前学科核心素养培养的要求下,如何开展单元教学,培养学科核心素养、导向深度学习,值得我们深耕开垦。

二、中小学信息科技单元教学的意义

为了促进学生的信息科技素养的全面发展,在学习过程中,学生不仅要能理解信息科技知识、技能和原理,掌握用信息技术解决问题的方法,还要感悟学科思想,形成数字化胜任力,由此才能构成对核心素养的系统培养。中小学信息科技教学要实现这样的宗旨,在进行单元教学设计的过程中,有必要明晰信息科技单元教学所追求的理想境界。

1. 以知识理解为着力点,促进思维的深刻性

中小学信息科技单元教学,强调学生基于已有经验基础,主动建构起学科的知识和技能,知识和技能与学生个人的经验进行联结,学生在单元学习活动中才能主动建构,从而生成有意义的知识。因此,中小学信息科技单元教学中的知识要具有动态和生成性的特点,要利于学生主动选择,这样知识学习意义才会被学生自己所赋予。学生获得了鲜活的、系列的、随时启用的知识。不仅仅是丰富了

认识,更重要的是改变学生的认知结构,形成新的知识网络。中小学信息科技教学单元中的知识和技能教学主要包括事实性知识,即反映信息技术内容和特征的信息技术概念、原理和关系;程序性知识,即信息科技操作技能和解决问题的规则和程序;条件性知识,即用于解决"何时用和为什么用"与问题情况密切相关的知识和技能。为了使学生对知识有更深入的了解,建立网络并有效地使用它,教师有必要解决知识内容结构编排的问题,解决内容容量小的问题,确定知识难易程度,以及内容的需要整合程度。在知识内容的结构编排中,有必要实现知识体系的逻辑性和连续性,加强知识之间的内部交流,并体现知识的生成特征。通过提供各种线索的知识结构,学生可以做出选择,与学生已有的经验建立联系,方便学生建立知识网络;在内容的整合上,有必要为知识内容选取丰富的现实背景,建立信息技术知识内容与现实生活之间的联系,并体现信息技术的实际应用意义,为纵向和横向的学科知识价值和实际应用奠定基础。就知识内容容量而言,以学生可以接受和理解知识为标准,有效地划分内容,制定适合学生在独立阶段学习的相关学习问题和任务,同时也可以与另一个学习阶段联系起来,体现一定的灵活性。让学生可以根据自己的需求和所花费的时间来决定选择多少知识来开始学习。知识内容的难度必须满足学生的信息科技个性化学习需求。考虑到学生发展的最近发展区,可以提出各种难度级别的知识和问题,给予学生不同难度的选择。以知识理解为着力点开展教学是学生正确学习和发展的基础,能促进学生对信息技术概念和原理的深刻理解。

2. 以技能应用为关注点,促进技能的科学性

根据心理学的表现,知识是一种有目的的活动工具,技能是一种活动方式,能力是一种稳定的心理结构,可以确保活动的顺利完成。信息科技技能包括一系列"动作",其中一些通过头脑外部的运动来完成,这些动作称为操作技能(例如,创建数字作品、组装计算机、使用数据处理工具等),而某些动作是内部潜伏的且在头脑中完成的,称为心智技能。信息科技教学中的计算思维活动主要是心智活动。心智技能的形成涉及从定向到活动,从活动到内部语言的过程。操作技能的发展通常要通过应用知识的练习获得,通过总结和应用问题解决而达成熟练。

中小学信息科技单元教学,主要关注技能教学的四个方面:一是基于概念理解的技能操作;二是基于"基础-迁移-应用"的活动梯度展开;三是保证学生的操作过程是有目的性和指导性的;四是活动任务的容量必须满足学生的实际需求。在技能教学过程中,要与学生的实际学习需求相结合,以达成基础性目标的原则为基础,进行有针对性的练习和指导。

关键方法是操作的合理性分析策略、操作指导策略、达标提级策略。培养学生基于对知识内容的理解来形成技能操作。教师应合理分析每个学生操作的结果，以诊断和分析操作是否合理，并帮助学生厘清确定技能发展的障碍。思考是源于对原理的困惑，还是缺少方法的提炼，还是源于对概念的不理解，在此基础上帮助学生加以改进。技能教学的任务按照基础、变式、综合的类型进行设计，学生可以根据自己的标准选择进入下一级别的任务。任务完成过程是自主的，并且时间安排是灵活的，结果的反馈是分阶段的。因此，中小学信息科技单元教学要科学合理组织学生技能的学习，方便学生形成技能，实现自动化操作，使每个学生都能得到确切的发展。

3. 以情感激发为关键点，促进学习的积极性

教学不是一个以知识或理性为主导的过程。情感因素在教学过程中也起着关键作用。心理学认为，人类的情感与认知过程有紧密的相关度。所有的认知活动都会带有一些情感，而且都是在情感的影响下进行的活动。情绪也是学习的基础之一。没有某种情感基础，任何新的学习都不可能发生。即使情感基础几乎不存在，学习效果也会大大降低。在教学过程中，有必要有效地探索知识内容中所包含的情感因素，激发学生对学习动机的兴趣，实现积极的学习思维，情感刺激和情感共鸣是学习的欲望所在，非常重要。

在中小学信息科技单元教学中，培养学生学习情绪的关键是如何关注每一个个体的问题。学生有着不同的兴趣与爱好，不同的学习与生活经历，不同的学习动机，他们在单元学习过程中情感的着眼点并不相同，教师要充分关注每个学生的情感兴趣点，使学生能够对学习内容产生浓厚兴趣，而且长时间的保持这种学习兴趣，这一点在整个学习过程中非常重要。

第一是要探索决定学习内容本身的情感和态度因素。信息技术是人们在这个领域方面的智慧结晶，信息技术科学家们发现信息技术的原理、发明各种信息技术以及解决问题的信息技术和工具。因此，教师应重视知识和技能的教学：尽可能用通俗易懂的语言来阐述基本原理，如声音压缩中的基本原理、数据库数据组织原理等；可以从视觉上展示内容的本质，诸如使用动画来呈现基本Internet协议（技术）TCP/IP的技术、音频压缩时的差分编码技术、数字化存储技术等；带领学生用信息技术和信息技术工具，在创造时感受学科的价值。当学生真正感受到学科的价值时，学生会打心底里热爱这门学科，并将大量的精力投入到学科学习和解决问题中。

第二是诊断每个学生的爱好、学习动机和生活经验，了解学生的情况，并根据班级学生的情况，有目的地选择知识内容所承载的生活材料。为使单元教学

内容和学生需求达到统一要进行调整,以适应学生的学习愿望并提高学生的学习热情。

第三是建立一种平等的师生关系,营造一种自由轻松的学习氛围,以及创造一个互动和对话的环境,可以较大程度地培养学生的自我意识,并有助于良好的情感投入。在组织课堂教学的过程中,让学生自由表达自己的个人观点和思想,这样教师关于赞成或反对等评价的态度,就不会成为人际交流的障碍,也不会影响学生的表现。这样通过为学生创造一个充满真实和理解的学习环境,学生可以更充分地参与整个学习过程。从学生的需求出发,将课程的目标要求转化为学生的内部需求和自主发展选择,既能照顾到教学需要实现的目标,又要考虑到学生的需求,实现情感与认知的统一。

4. 以能力培养为生长点,促进素养的实效性

能力是指影响一个人的心理表现效率和效果的心理特征。信息技术能力是一种可以顺利有效地完成信息活动的个性心理特征。因此,信息能力是指使用信息技术和工具来解决问题的能力。这里的能力既包括理解和掌握基本概念和原理的能力,也包括收集和管理信息、选择信息技术与工具以及处理信息过程等的能力。信息科技学科强调发现和解决可以通过信息技术解决的问题。它挑战了学生的想象力、创造力和意识,激发了学生的信息能力和解决问题能力,丰富了学生解决实际问题的经验。长期在这样的学习过程中,学生的信息能力当然会大大提高。

信息技术能力是各种信息素养技能的综合体现,是信息素养的基础。信息技术技能不同于独立的操作技能,例如使用文字处理软件的方法和数据库检索技能。尽管不能将它们与具体操作实践分开,但是它们强调充分利用各种技能,在信息技术使用过程中,获得问题解决的经验。

因此,在实际教学中,对于学生信息技术能力的培养,可以采用探究式的学习,即关注学生的体验实践,同时关注学生在解决问题上的学习主动性和学习效果。让学生体验信息科技知识的发生和发展或问题解决与形成的过程,使用计算思维,获得抽象、分解、建模、评估和其他思维活动的经验,以发展可以使用信息技术的观点和视角去观察、解释和表达数据、算法、信息系统和信息社会的基本概念,可以积极地使用学科的思想和方法来思考问题,并且在面对问题时可以自觉地思考和运用学科的基本概念,形成一定的使用信息技术解决问题的习惯,知道如何使用计算思维来思考问题,并能够使用信息技术和工具来解决问题。

三、中小学信息科技单元教学的设计原则

教学原则之所以能够指导实践是因为它是经验本身的总结和升华，是从经验中抽象、筛选、概括的行之有效的理论。中小学信息科技单元教学设计在总结其本身的优势的同时也应当结合学科本身的特点，遵循教学原则。

1. 研讨教材，把握结构

在任何学科中，课本就是根本，好比"巧妇难为无米之炊"，离开课本一切都是空谈。就教材而言，需要对教材的整体章节或单元做研究：依据单元的容量和单元设计的意图，分析教材的主要特征和各章节或单元的内在联系，在此基础上确定各种内容在单元中的地位和作用，单元设计才有可能做到科学、合理。例如，人教版的高中《信息技术》（必修 1 数据与计算），包括四个模块：了解数据和大数据、实现算法和程序、处理和应用数据以及进入智能时代。每个课程模块都有相应的知识体系，每个部分的侧重点不一样。这就需要我们在构思教学设计的时候结合每一部分的特点来进行规划。遵循研读教材、把握结构的原则是单元教学设计的前提条件。

在研读教材方面，每一单元的内容首先要以整本教材的逻辑作为前提，研读教材可以分为几个部分，主要包括整本书的目录、每一单元的绪论导语、单元下的每课内容标题以及单元综合探究，对每个部分的研读都可以提供有关单元教学设计的、有价值的信息。例如，在人教版《信息技术》（必修 1 数据与计算）中，第一单元"理解数据和大数据"旨在让学生了解数据世界，并通过信息技术数字学习工具了解数据、信息和知识之间的关系，同时以"体质数据促健康"为主题，开展项目教学，体验数据的作用和价值，领略数据的魅力。第二单元"算法与程序实现"是承接第一单元中在数据理解的基础上，让学生通过"编程控灯利出行"项目的教学，让学生思考如何利用编程实现算法，从而发展计算思维，掌握解决问题的思维方法和策略。第三单元"数据处理与应用"让学生借助信息技术手段采集、分析和可视化数据，通过"用水分析助决策"项目活动，掌握数据处理和应用的基本方法。第四单元"走进智能时代"开展基于项目的"智能交互益拓展"学习，体验人工智能对日常生活的影响，了解人工智能的基础技术，同时认识到人工智能在信息社会中产生的作用。在对必修 1 有一个宏观上的研读后可以明确每一单元在整本教材中的大致地位，什么是比较重要的，什么是不那么重要的，这都是在进行单元教学设计之前需要把握的内容，也是进行单元教学设计的基本原则。

其次,许多版本的教材在内容编排时在每一单元开始页都有知识结构图,知识结构图清晰地展现了每一单元的知识脉络,明确每一单元主要分成了几个方面的知识点,这样可以为设计好单元教学提供有价值的资料。如果教材单元没有知识结构图,教师在单元设计前也应该自制知识结构图,建立对单元的一个整体认知,把握整体结构可以优化对单元知识的理解,是单元教学设计中重要的一部分。

2. 总揽全局,明确目标

单元教学设计必须考虑整体情况,注意编写教材的科学体系,教学内容的顺序以及单元间的内在衔接性和连贯性。总揽全局意味着将教材单元内容视为一个整体,而整体的教学内容又是相互联系在一起的。一般有三种类型的联系,第一种类型是并列型,主要特点是学习内容各自独立,可以随意安排内容的顺序。第二种类型是顺序型,主要特点是前一个内容是后一个内容的基础,而且前后的顺序是不能更改的。第三种类型是综合类型,主要有并列型和顺序型两种,其代表有罗杰斯的螺旋式组织方式、加涅的直线编排方式以及奥苏贝尔的逐渐分化和综合贯通式编排。

例如教育科学出版社出版的高中《信息技术》(必修 2 信息系统与社会),由信息系统的组成与功能、集成信息系统、设计与开发信息系统、信息系统的安全、信息社会的建设这五个模块组成,教材的编排主要以顺序型的方式为主,每一单元的内容相互联系在一起,前一部分内容是后一部分内容的基础,所以纵观全局可以更好地统筹单元教学的内容,分析全局知识中的学生应该从中学到什么样的知识,是进行单元教学设计的依据。

例如在教育科学出版社出版的高中《信息技术》(必修 2)第二单元"信息系统的集成"中,单元主题以"设计小型信息系统"为主要线索,这一单元的内容分为六课,第一课主要讲计算机系统的组成及组成部分是怎样协调工作的;第二课主要讲计算机系统是如何实现互联的;第三课主要讲如何组建无线局域网;第四课主要讲物联网的用途是什么;信息系统采用物联网技术后又发生了哪些变化;第五课主要引导学生体验远程监控系统的设计规划及软硬件操作实践;第六课主要通过两组实验体验信息系统的工作过程。通过总揽本单元的知识点,明确本单元的探究学习从计算机系统这一基本的信息系统开始,进行无线网络信息系统的组建,然后尝试设计小型信息系统,从而体验信息系统的工作过程,学习运用信息系统解决实际问题。

3. 根据学情,适当设疑

在教学系统设计的一般模式中,对学习需求进行分析是教学系统设计过程中的第一个环节。根据学习需求分析,教师需要选择合适的教学内容来满足学生的需求。除了相关的教学内容外,学生自己的知识水平和学生风格也会影响和限制学习需求。因此,对学生的分析已成为单元教学设计中的重要任务。教学设计中的学生分析可以概括为学情分析,由于信息科技是一门实践性和操作性都比较强的学科,指导学生正确使用信息技术、使用互联网进行学习和生活,培养他们良好的信息意识和信息伦理道德,树立正确的人生观、世界观和价值观有着重要的意义。教师在进行教学规划的同时必须以积极的三观,在分析学生学习状况的基础上,引导学生掌握知识并树立正确的三观。

单元教学设计需要教师在一开始就分析学生的学习状况,整个单元的学习要以获得的知识为基础,结合学生在不同阶段自身发展的心理特征以进行整合,同时设计一些问题,用以激发学生学习的兴趣。那么,如何理解学情,分析学情,这节课所涉及的学生认知和情感内容是什么? 有多种方法可以了解学情,课前调查(问卷,研究,讨论)是最直接的。了解学生情况后,教学设计是可以贴近学生并提高适用性的前提条件。比如设计计算机病毒单元时,在上一单元,学生学习了计算机软硬件基础知识,了解了一些信息技术专有名词的概念,并于课前做了一份关于计算机病毒单元的前测问卷,如案例1-3所示。

✏️ **案例1-3:计算机病毒基础知识前测问卷** ·····················

1. 计算机病毒实质上是(   )。

(A) 被破坏了的计算机程序

(B) 证件故障

(C) 危害系统的特殊计算机程序

(D) 一种特制的芯片

2. 以下计算机病毒说法中正确的是(   )。

(A) 计算机病毒是人为制造的

(B) 制造计算机时产生计算机病毒

(C) 关闭计算机电源后,计算机中肯定没有计算机病毒

(D) 不连接互联网的计算机肯定不会中毒

3. 计算机病毒的危害主要造成(   )。

(A) 硬盘破坏

(B) CPU(中央处理器)的损坏

(C) 程序和数据的破坏

(D) 对计算机用户的伤害

4. 有些计算机病毒入侵计算机系统后，并不马上发作，而是等到一定"时机"才发作，这种特点被称为病毒的（　　）。

（A）破坏性　　（B）隐蔽性　　（C）潜伏性　　（D）传染性

5. 计算机病毒经常伪装成正常的文件运行，甚至有时连杀毒软件都很难发现，这种特性被称为病毒的（　　）。

（A）破坏性　　（B）稳定性　　（C）潜伏性　　（D）传染性

6. 计算机病毒的主要传播途径是（　　）。

（A）电子邮件　　　　　　　　（B）网络

（C）U 盘等移动存储介质　　　（D）以上都是

7. 为了预防计算机病毒，比较恰当的方法是（　　）。

（A）每天对硬盘和 U 盘进行格式化

（B）不与任何人进行网络交流

（C）不载任何软件

（D）不使用来历不明的 U 盘

8. 以下引导计算机感染病毒的原因可能是（　　）。

（A）运行外来程序　　　　　　（B）使用扫描仪扫描照片

（C）机器配置太低　　　　　　（D）键盘输入数据

9. 计算机感染病毒后，首先应采取的合理措施是（　　）。

（A）查杀病毒　　　　　　　　（B）格式化所有磁盘

（D）重新安装操作系统　　　　（D）立即关机，以后不再使用

10. 以下说法正确的是（　　）。

（A）计算机病毒不会破坏正版软件

（B）从不轻易打开来历不明的电子邮件

（C）网上下载的软件都有病毒

（D）光盘上的软件不会携带病毒

11. 关于杀毒软件的描述，正确的是（　　）。

（A）感染过计算机病毒的计算机，对该病毒具有免疫力，就不需要杀毒软件了

（B）杀毒软件可以查杀所有病毒

（C）只要不上网就不需要杀毒软件

（D）杀毒软件应当定期升级到最新版本，以提高系统安全性

12. 杀毒软件的作用是（　　）。

（A）查出任何已传染的病毒

（B）查出并删除任何病毒

（C）消除已感染的任何病毒

（D）查出并消除已知病毒

问卷结果显示学生对计算机病毒有部分了解，对于本节课涉及的不同概念了解程度也不一致，这主要体现在对计算机病毒概念的单方面理解，无法区分计算机病毒的某些特征以及对计算机病毒的传播和预防方法的不完全了解，没有很强的自我防范意识，针对学生的前期掌握情况，对本课的知识点做了难度系数的区分，如表 1-5 所示。通过前测了解学生原有对计算机病毒的知识和经验，可以在学习新知识之前知道学生已经了解的内容，从而可以更准确地确定教学的起点。同时，它可以帮助教师更好地了解学习的重点和难点，从而使教学从静态变为动态，从而优化预设并更好地满足学习目标。

表 1-5　计算机病毒单元的知识点难度分析

概念知识点	难度系数
病毒概念	★★
病毒特征	★★★★
传播方式	★★
病毒危害	★★
防御方式	★★★
杀毒软件实质	★★★★

4. 重视联系，逻辑一致

单元教学设计是整个单元的总体计划，主要包括教学目标、重点难点课程、教学内容、教学方法等，它们不是相互制约的而是相互联系在一起的。联系对于单元有着很重要的意义，单元既是联系整本教材，又是联系单元中的知识，如何做到知识间的合理过渡是对教师的挑战。逻辑一致是指在单元教学设计之前和之后要保持一致性，信息科技教学要经历一定的逻辑历程，所以在进行单元教学设计时教师应当将教学目标、教学重难点、课堂活动以及后期的效果评价连起来；放在具体的课堂中，教师也应当能将导入、提问解疑、总结等连接起来。所以按照这样一个逻辑系统，单元教学设计发挥的价值便愈加明显，整个教学过程井井有条。注重联系、逻辑一致是单元教学设计的重要原则。

在进行单元教学设计之前，教师需要将单元目标、重难点活动设计以及教学后期的评价做一个总体规划,做到逻辑一致具有相关性,根据目标列举出相关的事例,组织相关的活动,教学后期评价包括目标的达成,活动事例是否能够突破知识重难点的学习。然后在单元的单课教学设计导入环节可以根据学情分析设置教学问题,从课堂的小节最终回归到单元主题的学习。坚持中小学信息科技单元教学设计逻辑性一致的原则,以单元主题为主线,首先搭建知识结构,然后进行内容的填充,应做到每一部分的设计都是主线的分支。比如人教版的高中《信息技术》(必修1数据与计算),第二单元的单元主题是"数据处理与应用",按照先搭建的原则,该单元的逻辑结构为:数据处理的一般过程、数据采集与整理技术、数据分析与可视化技术、数据分析报告与使用。这就是该单元的逻辑搭建,教师要进一步拓展知识内容,引导学生从少而精的核心概念框架中获取知识。

四、中小学信息科技单元教学的设计模式

信息技术的基本概念是信息技术学科的重要概念,包括对概念原理和理论的基本理解与解释。这可以反映信息技术的发展,并且是学科结构的关键部分。中学信息技术学科的教学提出了一些关键概念,这些概念有助于教师理解教学的本质,着眼于整体,并通过广泛的知识和对所学到的信息技术知识的理解,引导学生进入解决问题的过程,从本质上认识和理解所学信息技术知识,形成依靠利用单元活动中学习到的信息技术解决问题的能力和数字化学习与创新能力。以核心概念为统领设计单元,有助于教师从讲授新概念、学习新技术操作中的转变,从长时段角度规划教学,并着重于知识的整体组织和结构,这样的单元教学设计对于培养学生的学科核心素养很有用,契合了学科核心素养的形成不是一蹴而就的说法,这需要很长的过程才能形成这一特点。因此,以核心概念为统领设计单元要根据信息技术的成果,系统梳理核心概念,分析单元概念结构,沉淀学科基本要求,让学生体验在利用信息技术解决问题的过程中,发展计算思维,提高数字学习与创新能力,逐步形成学科必备品格和关键能力。

1. 以核心概念为统领设计单元的要素

要在梳理单元核心概念和重要概念的基础上,设计单元概念图和单元整体规划,以培养学科核心素养为单元学习目标,通过"问题解决中构建核心概念"开展单元教学活动,并且单元教学评价指向学科核心素养培养。图1-3所示单元教学设计框架。

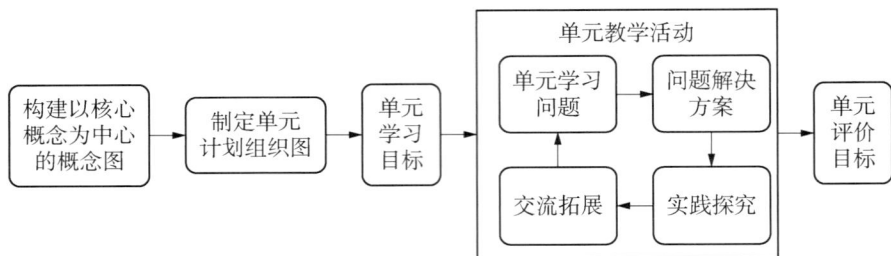

图1-3 单元教学设计框架

2. 构建以核心概念为中心的概念图

一个单元的设计是要击中信息技术学科内容的一个或多个关键领域，使学生能够与该领域互动。因此，核心概念要选择最基本的信息技术学科概念和原理，再以核心概念为中心，参考《普通高中信息技术课程标准》学科大概念（数据、算法、信息系统、信息社会），明确核心概念对应的重要概念，构建概念图。比如，在选择"人工智能"核心概念时可以从学生最日常的体验出发，从文字识别、计算视觉和语音识别三方面定义核心概念。对于核心概念"文字识别"而言，因为文本数据具有无监督、多个主题和许多类别的特征，所以潜在模型的主题模型和潜在语义分析方法，主要是针对文本数据的两个特征，提出无监督机器学习的方法。因此从对学科大概念"数据"的理解出发，选择无监督学习和广义分析为重要概念，帮助学生运用文字识别平台或软件，建构知识，表达思想。

3. 制定单元计划组织图

根据对核心概念梳理的结果，在培养核心素养要求的指引下，首先要结合学生的认知特点，重组新技术的学习内容；其次要划分相应课时的学习内容，确定学习内容的先后次序；最后确定每节课的主题名称和学习内容，形成单元计划组织图，展示单元的整体教学流程。这就要求信息科技学科教师在洞察新技术知识结构的基础上，站在单元整体角度，把一系列技术融入体验学习中，了解技术的新变化和应用，并能够在学习和生活中正确使用它们。单元设计聚焦逐渐归纳总结出核心概念，引导学生洞悉学科本质，发展学生数字化学习与创新能力。

4. 确定导向核心素养的单元学习目标

信息科技学科的根本目标是提高信息素养，从实际出发着力于学科核心素养培养，可有助于达成信息科技学科目标。学科核心素养由信息意识、计算思维、数字化学习与创新、信息社会责任组成，例如新技术探究单元的教学目标要覆盖这四个要素，单元三维目标可以设计为：知识与技能方面，了解新技术的发展历程,分析新技术的概念及特征;过程与方法方面,体验新技术实现的过程(计算思维),体会用新技术解决问题的基本过程与方法(数字化学习与创新);情感态度价值观方面,提升对新技术的兴趣和敏锐性(信息意识),感受用新技术服务人类发展的责任感(信息社会责任)。

5. 设计"问题解决中构建核心概念"为主线的单元教学活动

单元教学活动要以"问题解决中构建核心概念"为主线,帮助学生在深度学习过程中逐步发展学科核心素养。首先,设计一系列可以支持整个学习单元的问题;其次,根据一个或多个单元问题设计系统的、分层的问题解决方案;然后,根据学习材料和问题解决,自主、合作或探究多个单元学习活动;最后,交流和讨论学习成果,回答所探究的单元核心问题,学习成果可以是多样化的,如解决一个问题的方案、设计一个作品、做出一些决策等。单元教学活动的设计可以通过一个完整的项目教学来学习新技术,也可以通过若干个小活动来学习新技术。细分来讲,前者比较适合学习一种新软件,后者比较适合学习多种新技术的相关知识。

6. 单元评价目标体现"目标-教学-评价"的一致性

单元评价是对单元学习的整体评价情况。单元教学评价一定要指向学科素养的实现,特别是在单元实施之前设计的单元教学目标。该单元的评价应该是具体的、清晰的和可检测的。评价目标和教学目标之间必须有高度的相关性,以反映"目标-教学-评价"的一致性。例如,对标新技术探究单元的目标,对新技术探究单元的评价可以是:了解新技术的基本特征或原理,并使用新技术来实现某些功能(计算思维);了解新技术的创新和应用,并能够在学习和生活中正确使用它们(数字化学习和创新);了解新技术的开发过程,可以客观地思考新技术的双重影响(信息意识和信息社会责任)。

第二章

中小学信息科技单元教学设计

教师要实现单元教学设计的创新,首先要对课程标准进行深入理解,理解课程标准中的内涵,根据教学内容的特点以及学生的心理发展特征,构建科学的单元教学主题、目标、活动及评价。显然,指向核心素养培养的单元教学实现并非一蹴而就的,而是要求教师在理解课程标准的基础上,以单元教学的方式逐步落实于课堂教学中。本章所讨论的主要内容包括如何确定中小学信息科技单元教学主题、分析单元目标、设计单元活动,以及如何开展单元评价。

第一节　确定单元主题

按照单元整体教学所覆盖的知识范围的大小、能力要求的不同,我们可以将单元整体教学划分成不同的单元形态,分别为:教材单元、跨教材单元、跨学科单元等。教材单元主要是依据教材自然单元进行单元设计;跨教材单元主要是依据学科内部的重要概念或能力进行单元设计,更多指向对学科的本质理解;跨学科单元主要是依据不同的学科重要概念或能力进行单元设计,更多指向解决真实世界中的问题。无论哪种类型的单元都是用信息技术学科核心概念作为聚合器,将学科关键概念和能力融入单元整体设计,学生通过单元学习,在强化信息技术知识与技能的同时,提高学科思维能力,提升信息素养。

一、单元主题的分析

三种种类的单元学习的作用和定位尽管并不一样,但是从实施方法来看,三者是互通的，都能够根据与学科关键概念或能力的融合转换为单元学习。单元设计方案由于涉及对国家课程内容、日常课堂教学的学与教的转型，对学校和教师是有挑战的。挑战不但代表着困难，也代表着变换思维，以新的角度对时下熟识熟视的事，产生新的理解和创造性知识的全过程，给教师带来新的专业发展突破。

第一个挑战来源于专业知识观的变化，也是较大的挑战。从知识点的教学变为确定核心知识，教师不再只关注知识点的散点关联，而是要对信息科技学科关键概念的认识和理解。在明确了一个概念后，要对这概念及其子概念、具体的事实和技能之间的系统关系有所把握。绝大多数学科的核心知识并不是一个个独立的点，而是互相关联的。教师本身创建的专业知识间的联络质量决定单元设计方案的品质。

第二个挑战取决于建立信息科技学科的专业知识与真实的生活世界、多样情境之间的联络。从确定核心知识、本质问题到形成驱动性问题，实际上便是将学科的本质和各种类型的情境创建起联系的过程。学科单元教学设计会涉及各种类型的情境。例如现实生活情境，科技产生的历史情境、艺术情境等。

（1）现实情境。将某核心知识"放还"到它充分发挥其实际作用的现实问题情境中，发现人们是如何在情境脉络中运用它或者综合它与其他知识来解决一个真实问题的。

案例2-1：音频编辑（案例提供者：上海市闵行区七宝第二中学　丁一冰）

"音频编辑"是《上海市初中信息科技学科教学基本要求》中第五单元"信息加工单元-多种媒体信息"的加工模块中的教学内容。在该单元中，要求在对比、尝试与探究各类信息加工软件的功能特点与操作技巧的基础上，感受选取不同的信息加工软件对解决问题的质量和效率的不同表现，最终能总结使用不同软件进行信息加工的规律及异同点，选择合适的软件，对原始信息集成、编辑和加工，形成更具价值的信息，体会信息加工的意义和价值。

多种媒体信息的加工学习内容包括图片编辑、音频编辑、视频编辑。本单元以校庆为契机，开展单元学习，设计了"献礼母校——校庆海报设计""献礼母校——电子朗诵比赛""献礼母校——校庆宣传片制作"三个活动，在单元教学过程中，分析活动任务中存在的复杂问题，把复杂问题的细化分解为若干简单问题，进而分步骤解决。在此过程中，不仅让学生能独立执行多种媒体信息加工的常规操作，还使学生能够根据要表达的意图，实现对图片、音频、视频等不同媒体信息进行截取、重组及再加工，融入个人创意，最终独立完成作品。

本节课是《多种媒体信息的加工》单元的第2课时。作为整个单元的第二课，本节课的主要教学内容是：音频文件的概念、音频文件的格式和音频合并。通过本节课的学习，能描述音频文件的概念，能列举音频文件的常见格式，能执行音频编辑的常用操作。本节课教学对象是六年级学生，部分学生有使用移动设备录制声音的生活经验，甚至参与过音频的编辑，学生对于音频处理有一定的基础，但是在计算机端进行音频录制和编辑的经验较少，关于音频文件的概念更是认知界限模糊，音频格式的认识也不够全面。因此，本节课从学生已有的生活体验入手，以"献礼母校——电子朗读比赛"为背景，首先从发现已提交的朗读作品中的问题入手，再进行编辑加工，对比导出的不同格式的文件，观察得出不同文件类型的特点及其适用场景，最后总结音频文件的概念，教学环节环环相扣，使学生逐步进入深度学习状态，最终达到解决实际问题的目的。

（2）历史情境。把核心知识"放还"到所产生它的历史中去，在复演历史中分析其产生的特定情境、发展过程中的故事和信息技术的演变历程。

✎ 案例2-2：TCP/IP协议（案例提供者：上海市七宝中学　金琼）

内容取自《高中信息科技》（地图版）教材中的第四章第二节"因特网及其服务"，这个内容是学生需要掌握的一个重要知识点，也是高中阶段教学难点之一。难点主要体现在以下几方面：第一方面是教材上对TCP协议和IP协议的表述比较专业、抽象，学生理解较困难。第二方面是TCP/IP协议不像网络硬件那样有实物可以展示，也不像"局域网"等概念学生有较多切身的体会。TCP/IP协议在学生日常的网络应用中也一直是隐性存在，大部分学生对此并不关注。第三方面是由于TCP/IP协议理论性比较强，难免会让学生在学习过程中感到枯燥乏味，导致学习兴趣的缺乏。

因此，如何激发学生的学习兴趣，加深学生对TCP/IP协议知识要点的理解，是本案例试图解决的难题。在TCP/IP协议知识的学习中，用小故事的方法，详细介绍TCP/IP协议的概念、产生与发展背景等；分析TCP/IP协议在互联网发展过程中的重要作用，从而引出课题研究（TCP/IP协议）。融进历史故事激起了学生学习兴趣、探究的冲动，并使其感受到TCP/IP协议的风采。再通过尝试解决网络历史发展中面临的问题：网络上如何快速、准确传输数据，用模拟游戏的方式使学生有所体验，模拟游戏制定了游戏场景、规则、角色等，并让学生自主设计游戏方案。通过6位学生的游戏演示来验证学生们的方案可行性，全班同学在游戏过程中发现问题，寻找解决的策略，使学生在游戏中体会数据传输的过程。学生通过尝试解决网络历史发展中面临的问题，以及了解TCP/IP

协议对网络发展的巨大影响,体会 TCP 协议和 IP 协议在网络通信中的重要作用。其间,还抽取了 TCP/IP 协议发展过程中重要的一些时间点,将其串联成一条引领整个教学内容的时间主线。时间线的内容是:1969 年,ARPAnet 建立,通信需要协议;20 世纪 70 年代,ARPAnet 连入点越来越多,出现问题,需要新协议;1974 年,包含 TCP 协议等相关内容的论文被发表,被誉为"联合国宪章";1977 年,完成了里程碑式的实验;随着 20 世纪 70、80 年代协议的不断迭代发展,形成了 TCP/IP 协议。学生在故事中感受到 TCP/IP 协议的发展源于时代的需求,认同科学家在推动网络技术发展中的伟大贡献,激发学生深入学习网络知识的愿望。

（3）艺术情境。将某核心知识"放还"到应用它可以产生艺术美感的作品或艺术场景中去,制作能够反映这一知识的艺术品。营造艺术情境还可以提高学生的设计方案能力、想象力、判断力、创造力、批判性思考。

✎ 案例 2-3:"幸福校园节俭行"公益广告创作——Photoshop 图像调整工具的应用(案例提供者:上海市闵行中学　王冰红)·························

选自高中信息科技《设计与创作》第二单元"营造'一见钟情'——平面广告创意设计"中的内容。这个单元的主要内容是:以创作平面广告作品为载体,学习一些图像的加工处理,例如:文字的特效、渐变色填充、自定义形状工具、曲线工具等,并体会作品创作的一般过程。本单元的教材内容侧重单个技能点的学习,技能点之间的相关性不够强,学生在学习过程中容易盲目地选用工具,使得图像调整效果不够理想。为了让学生能在图像调整的过程中建立技能点之间的关联,不仅能做到"知其然",还能"知其所以然",对教材内容进行了重组,补充了原理性知识——直方图,并结合学校"幸福校园"的办学愿景,设计与学生实际生活关联度高的活动——"幸福校园节俭行"。

本课以创作校园公益广告为切入点,学习"亮度/对比度""曲线"两种图像调整工具的选用,体验利用直方图有理有据地指导实践,进行创作的过程,并对"厉行节俭、环保爱校"有所感有所想。本课在创作公益广告的过程中,期望让学生从技术上,掌握"亮度/对比度""曲线"两种图像调整工具,了解直方图的作用,明确"理"的指导,体验用有理有据的分析来指导实践;从创意上,感受创意表达的无限可能,体验技术为创意服务;从主题上,对节俭的范畴有新的认识,意识到"厉行节俭、环保爱校"是我们每个人的责任。

第三个挑战是教师面临着从"教的设计方案"变为"学的设计方案"的不适应。教的设计方案主要是对教材内容重点难点的设计方案,而单元设计方案必须要进行系统的学习设计,教师必须具有系统思维。在实施单元教学之前,教师需要对单元教学的相关理念有足够的了解,知道如何确定单元主题、如何选择单元知识内容。中小学信息科技学科单元主题主要依据知识内容及单元整体教学目标而定。核心素养体系之下的单元主题,不再停留于信息科技知识模块的层次上,学科观念、学科思维等要素均可作为单元主题。

二、单元主题任务设计的方法

信息技术核心概念包括信息技术学科的重要概念、信息科技原理及理论,以及对这些原理的基本理解和解释。信息技术核心概念可以给学生呈现信息技术性发展的景象,是学科结构的重要主干部分。信息科技学科倡导核心概念统领单元教学,是指在教学中教师要把握学科本质,关注单元的整体,带领学生通过问题解决的过程,从本质上认识和理解所学的信息技术知识,形成依靠利用单元活动中学习到的信息技术解决问题的能力和数字化学习与创新能力。

以长周期总体的视角筹划单元教学,关注知识整体组织化、结构化的建构。这样的单元教案设计有益于培养学生的学科核心素养,切合了学科核心素养的产生并不是一蹴而就的理论,必须有一个较长的全过程才可以产生这一特性。单元规划的依据可以是标准、学科知识结构与学科核心素养。

（1）标准。

这里的标准是指各地现行的学科标准或是学科基本要求,这些标准多数是依据学科融合知识性、技能性和工具性为一体的特质,分若干模块架构课程内容,并对每个模块的内容与要求进行了阐述,明确了各模块的内容结构、课时分配和水平要求,是单元规划的重要依据。

案例2-4：《人工智能初体验》单元(案例提供者：上海市闵行区浦江第二中学　黄嘉伟)

单元定位：单元内容来自《上海市初中信息科技学科教学基本要求》的“计算机系统”中的一个章节(人机交互),本单元在尝试人机交互实验的基础上,能够将自然语言转变成脚本语言,并通过一系列的活动创作出作品,培养学生的想象力和创造力,形成属于自己的作品设计与制作方案。同时本单元中还引入了人工智能平台,结合图形化编程软件,通过文字、图像、声音的三个方面的识别,让学生在掌握图形化编程软件的同时,能够了解人工智能的相关知识,并做出具有交互性的人工智能图形化编程软件作品。本单元分为上下两个部分,上半部分 4 课时为图形化编程软件基本操作,通过垃圾分类 1.0 版本到 3.0 版本的制作,掌握人机交互模块需要掌握的知识与技能;下半部分 4 课时结合人工智能平台的图形化编程软件体验,引导学生在人机交互程序理解的基础上对人工智能有所体验。图 2-1 为《人工智能初体验》单元课时安排。

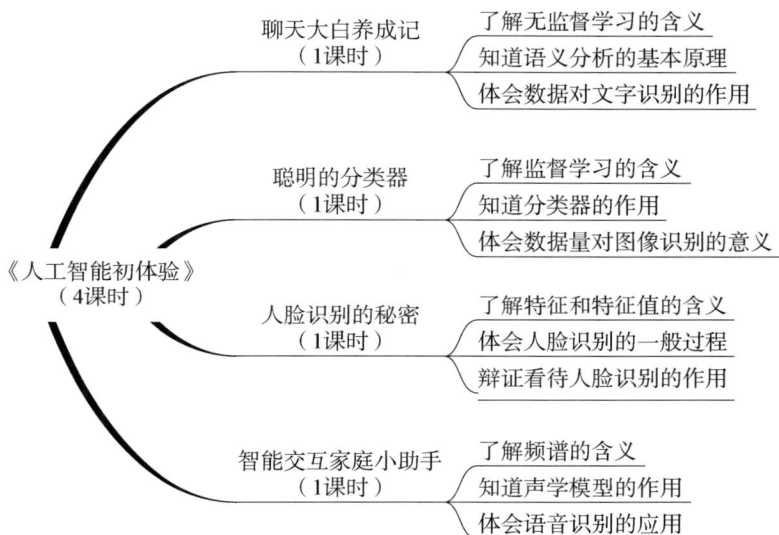

```
                                        了解无监督学习的含义
                    聊天大白养成记    知道语义分析的基本原理
                    (1课时)          体会数据对文字识别的作用

                                        了解监督学习的含义
                    聪明的分类器      知道分类器的作用
                    (1课时)          体会数据量对图像识别的意义
《人工智能初体验》
  (4课时)
                                        了解特征和特征值的含义
                    人脸识别的秘密    体会人脸识别的一般过程
                    (1课时)          辩证看待人脸识别的作用

                                        了解频谱的含义
                智能交互家庭小助手  知道声学模型的作用
                    (1课时)          体会语音识别的应用
```

图 2-1 《人工智能初体验》单元设计

对学科大概念的理解:从数据层面,本单元的内容深度结合了人工智能的相关内容,在文字、图像处理、语音处理上对于数据有两方面的理解,一方面是数据内容,另一方面是数据量,从学生的角度上来看,他们需要对数据进行一定的选取与分析,使得数据本身具有一定的意义与价值,具体结合人工智能而言,就是选取有典型特征的数据,例如文字识别中分辨开心与不开心、图像识别中分辨不同动物、人脸识别中分辨人的面部特征、语音识别中分辨称述与提问。此外还要对数据量进行深入的理解,由于人工智能的特殊性,其理解更趋向于大数据理解,学生在学习过程中可以体验到数据量的不同对于人工智能识别精确度带来的深刻影响。从信息社会层面,本单元的体验重点在于正确认识人工智能对生活的影响,从文字语义理解到图像识别,从人脸识别到语音助手,通过体验深入了解人工智能在生活方方面面的合理应用。此外,信息社会不仅仅是指信息时代的社会形态,更是指信息对人们的生活产生的正反两方面的影响,学生在单元中还应从人工智能的两面性,客观地看待新技术的产生与发展。

（2）学科知识结构。

信息技术学科的知识结构，一般按照计算机处理信息的关键要素进行架构，包括对信息进行编码、传输、加工、表达的基本策略与规则，以及信息处理系统的基本原理。学科知识的框架和关键要素，可以聚焦学科核心知识，呈现学科概念核心，有益于学生掌握教学内容的线索和层次。从教学视角上看，有利于教师把握教学中的关键，合理控制教学内容容量。

案例 2 - 5：《管理文件》单元主题（案例提供者：上海市闵行区实验小学 陈哲君）

《管理文件》单元选自《上海市小学信息科技学科基本要求》，是基本要求新设置的主题单元，在小学信息科技华师大版教材中并没有独立单元，相关的学习内容分散在教材上下册的不同单元中，在实际教学中知识的系统性、结构性有待整合与完善。在新的基本要求中，《主题 4 管理文件》的前一单元是《主题 3 获取信息》，学生收集信息后必然要进行保存，在保存的过程中就会产生新问题：文件存在什么位置才是合适的？所以在《主题 4 管理文件》中，通过对文件管理的内容进行系统信息科技学习，提升学生管理文件的综合能力势在必行。同样，学生具备了综合管理文件的能力，也能有效提升后续单元《主题 5 编辑文档》制作小报的效率。另外，对于现在的学生而言，许多学习活动将基于数字信息科技学习平台与学习资源来开展，各种课内外学习将会形成各种数字化的资料。这些资料都需要进行有效的分类管理，才能快速找到自己需要的文件，学习的效率将大大提高。因此，该单元在三年级第一学期的教学中起着承上启下的重要作用。选择基本要求的《主题 4 管理文件》进行单元设计，就是希望通过本单元的教学，学生在规划与整理自己数字信息科技学习资料的过程中，意识到规范管理信息的重要性，从而养成合理管理文件的良好习惯。

单元主题 1 至 3 是从了解信息科技与信息技术工具开始，学会使用图形界面软件，并从网络获取信息。本单元则是建立在学生之前积累的学习活动文件上形成文件管理的能力，达到能快速查找和使用存储在计算机中的信息，并且意识到规范管理信息的重要性，养成使用文件管理合理分类文件的好习惯。下一个单元主题 5，则是学会文档编辑软件的使用。因而通过设计项目教学《探寻"键盘、鼠标和他们的伙伴"》将前中后三个单元主题进行串联，形成《"键盘、鼠标和他们的伙伴"的信息获取》《"键盘、鼠标和他们的伙伴"的文件管理》《"键盘、鼠标和他们的伙伴"的文档编辑》三个子项目教学，希望学生最终能先从网络搜集素材，再进行素材的分类管理，最终形成关于"键盘、鼠标和他们的伙伴"的小报。

在此过程中,学生除了掌握文件管理的知识和技能外,还可以进一步提高利用信息技术解决问题的能力。

本单元的项目教学主题是《"键盘、鼠标和他们的伙伴"的文件管理》,项目教学的背景是为即将开展的"键盘、鼠标和他们的伙伴"小报制作单元进行资料收集和管理,并依据知识技能的特点,从单个文件管理和多个文件管理两个方面重组学习内容,将本单元规划为5课时。基于真实需求的文件管理,可以更好地提高学生规范地管理信息的意识和能力。具体单元课时安排和主要教学内容规划如图2-2所示。

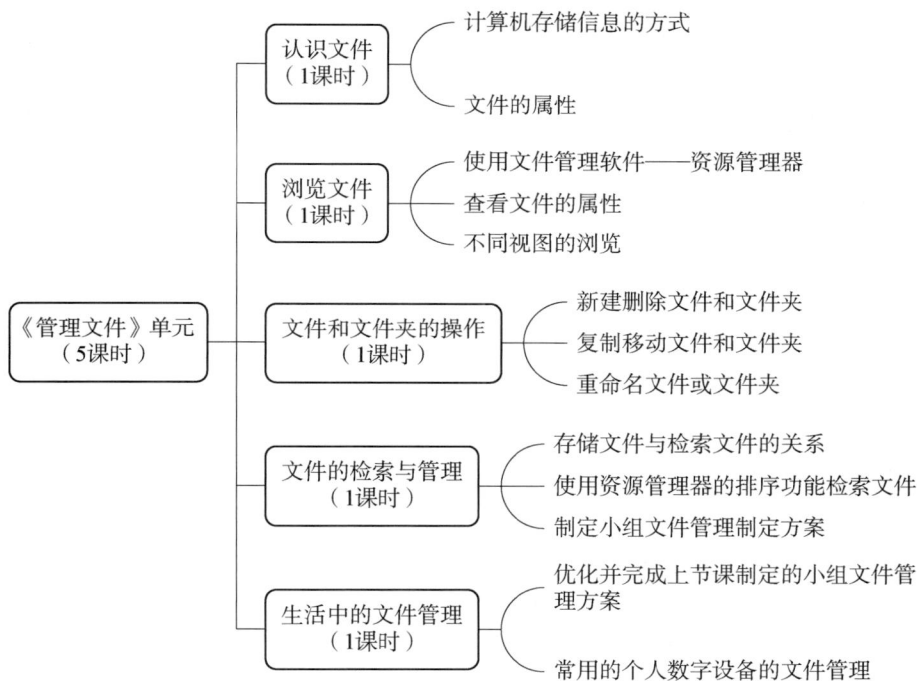

图 2-2 《管理文件》单元设计

(3) 学科核心素养。

信息技术学科核心素养区别于跨学科的通用能力,体现了必须经过学科学习才能达成的独特的思维方式和行为表现,包括:信息意识、计算思维、数字化学习与创新、信息社会责任。学科学习的要点就是要培养学生的学科核心素养,提高学生综合使用信息技术的学习能力,使学生能独立高效率地得到大量学科知识,进而使学生具备更强的创新能力。虽然这四方面内容是紧密联系的,但在单元设计时,可以根据学习需要,对学科核心素养培养的视角有适度的偏重。从核心素养的培养开展单元整体规划,也是一个重要的依据。

✏️ **案例2-6:《信息的搜索与鉴别》单元** ·········

　　现如今,在互联网技术问世近50年以来,搜索的实际意义早已不只是运用"关键字+回车键"找到有关信息。互联网大数据、云计算技术、人工智能技术赋予了检索全新的实际意义,搜索早已无所不在。当学生在使用百度搜索时,当拿出手机上了解天气怎么样时……,搜索已经融入学生们的生活,查询变成了日常的一部分。学生对各种类型的信息需求越来越多,但是面对网络中大量、丰富,又复杂的信息时,学生会因为无法有效选择而感到无所适从。因此,学生在学习通过网络查找符合自己需求的信息时,学会信息搜索和鉴别是十分重要且必要的。与信息科技核心素养的信息意识相对应,本单元重在塑造学生对信息的敏感性和对信息使用价值的判断能力,可以依据解决困难的需求,主动、积极地寻找适当的方法获得信息;并能敏锐感受到不同信息的特点,有效分析信息,采用合理的方法判断信息来源是否可靠、内容是否准确,从而选择合适的、有效的信息。

　　本单元以新闻报道《搜索引擎百度已死》引出的话题"为什么百度已不能提供优质信息以及我们该怎么办?"作为单元问题,对于信息科技学科和道德法制学科同时有的教学内容,进行学科视角探究与思考。单元学习的目的:一方面,一个简单搜索框背后的科技所释放出来的力量对生活有着深度的影响,在这个信息量爆炸、知识量剧增的时代,用搜索引擎搜索任何的关键词都会有上百万的信息量。另一方面,其中有价值的信息却是寥寥无几,但每个人的时间和精力都是有限的,在这种情况下,如果想要提高学习的效率,就必须学会正确查找和评价信息,高效快速找到有效信息的方法。具体单元课时安排和主要教学内容规划如图2-3所示。

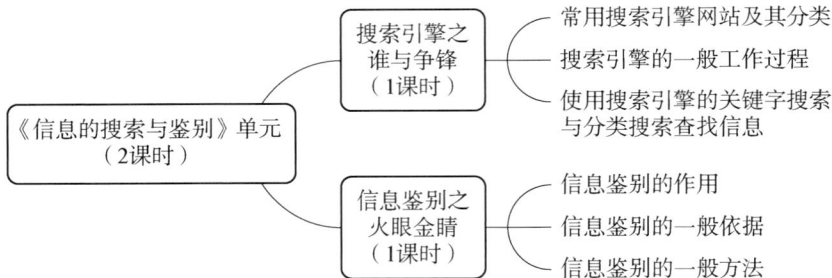

图2-3　《信息的搜索与鉴别》单元设计

本单元面向初中学生设计 2 个课时，第 1 课时是《搜索引擎之谁与争锋》，探究搜索方法、搜索的工作过程和搜索技巧。通过"搜索引擎测评"活动，体会搜索引擎的使用方法。通过类比电影"怪兽电力公司"的情景片段，讨论并认识搜索引擎的一般工作过程。通过"春节联欢晚会小岳岳说 8 万多个汉字"是否正确的活动，体会用好搜索引擎方法，提升学生信息搜索能力，感悟搜索能力的提高是知识逐步积累的过程。另 1 个课时是《信息鉴别之火眼金睛》，通过多个具体案例分析，如：活动一，鉴别"搜索引擎应用使用情况"可靠性；活动二，鉴别"教育部正式将足球列入 2021 年中考体育项目"信息可靠性；活动三，微信红包案例真假的分析与讨论。形成对信息的初步判断，掌握信息鉴别的一般依据和方法。提高信息真伪的辨别能力，形成对信息价值取向的正确判断，提高信息社会的自我保护意识。

第二节　分析单元目标

在信息科技学科核心素养指导下，信息科技教师要从传统的"三维目标"中走出来，转向"信息科技学科核心素养目标"。要基于单元的角度开展教学目标设计，进而在课堂上全面落实四大核心素养。导向学科核心素养的单元教学目标设计路径，首先要明确单元目标设计依据，然后在明确依据、贯彻原则的基础上，制定导向核心素养的单元教学目标。

一、单元目标的确定依据

单元目标是指学生经历单元学习后要达到的预期成果。它在整个教学目标层级的作用是关联前后、承前启后。单元教学目标一方面是对课程目标的分解，另一方面又决定着本单元的课时目标的制定。设计单元教学目标，既能引导老师有效设计单元学习活动、单元作业、单元评价和单元资源，推动合理的、有效教学的全过程；又能指导单元学习结果的测评。单元教学目标设计的主要任务是指依据学科核心素养和课程标准，分析学生情况，围绕学科核心概念，开展有关键的、突显整体的分解与细化。

单元目标确定的依据有两个方面，一方面是依据标准，信息科技单元目标应依据课程标准或教学基本要求，按照培养核心素养的要求进行设计。核心素养是指学科独特的育人价值，回答"培养怎样的人"的问题，是对学科教育目标有学科特征的提炼，是对信息科技三维目标的整合。另一方面是根据学生的心理特点和学情，学生是学习行为的主体，教学目标的完成必须有教师和学生的共同努力。教师在确定单元教学目标时，要充分分析学生的特性，掌握学生的认知水平和知识体系等，制定出合乎学生心理特征和发展趋势要求的单元教学目标。

例如教师在讲解"数据表格的设计与制作"时，教师要站在单元的角度对标准进行分析，其中与其相关的要求有"分析数值信息的内容，整理数据，独立完成创建完整的数据表格，说明表格在排版、数据统计及反映数据间关系等方面的作用。实现数据的计算、排序和筛选，生成有价值的新数据。利用数据表格和合适类型的图表，准确、直观地表达个人的观点"。它们之间存在着理论与实践的关系，教师在教学过程中可以将课标进行整合，以"我是小小数据分析师"为单元大问题设计单元教学目标与课时教学目标，设定真实大情境下的单元教学任务和课时教学任务，并依据目标制定评价方式，设计单元教学活动。将学习利用数值处理软件对"双十一"的各类数据进行整理，学会使用公式计算、排序筛选、图表等工具分析数据，让学生在数据分析过程中，体会到数据分析在现实生活中的现实意义。以"数据表格的设计与制作"作为单元第一课时，可以从两个维度展开。从单元维度来看，以"我是小小数据分析师"为单元主题，帮助学生感受数据分析的过程，理解"选择数据、整理数据"在数据分析中的作用，培养学生的数据意识；从知识技能维度来看，学会利用相应工具（表格）对数据信息进行提炼与整理，理解数据表格的基本结构，为后期的数据分析做准备。学生在第三单元《电子文档设计》中学习过表格的知识，知道表格的基本结构，能根据文字内容将信息整理成表格；但对如何在 Excel 中创建数据表格及数据表格的含义（含有数值信息的表格）及特征还不清楚。因此本节课的教学重点在对表格已有认知的基础上，理解数据表格的含义及其作用；掌握根据信息的特点提炼、整理数据，设计制作数据表格的方法，为后期的数据分析做准备。教师通过在文字信息中标注关键词及对小组展示中的表格进行分析的方式来提供一定的学习支架，帮助学生理解。

在此过程中，单元教学目标作为课程标准的下级概念，是课程标准的具体化，因此教师在制定信息科技单元教学目标时要深刻理解标准的要求及理念，快速定位与教学单元有关的内容要求，明确学习该单元模块后学生能够获得的信息科技核心素养，并完成学业要求；然后再结合教学实际情况，制定符合标准的、具有层次性和可操作性的教学目标，实现学生学科能力和学科素养的发展。

二、单元目标的确定方法

根据单元的学习,老师应当要明确学生应该了解哪些、可以干什么、哪些内容非常值得了解、什么是期望的持久理解。依据逆向教学设计的理念,在明确单元核心概念后,要紧紧围绕大概念写出对本单元的预期理解,也就是期待学生根据本单元的学习后得到对学科知识特定的具体理解,换言之就是以教学的意愿为出发点,对学生的具体要求,是在明确单元知识内容,划分知识水平的基础上,对学生应该掌握的具体知识内容与核心素养能力的整体把握。

在设计单元教学目标和课时教学目标的过程中,准确地描述和撰写目标非常重要。教学目标的制定就需要分析学生需要掌握哪些知识能力,然后根据知识和能力的具体培养方式选择合适的行为动词和行为条件,制定可观测、可测量的具体教学目标,并符合上述所说的单元教学目标的确定方法。在这一过程中对于陈述的方式有很高的要求,教师要选定符合学生认知水平和能力层次的,并且具有可测量性的行为动词,选择合适的陈述模式,使教学目标具体化。

好的教学目标是要在陈述完之后,指明学生通过单元教学和课堂教学后产生的行为结果的变化,换句话来说,就是要讲清楚教学后学生能够做哪些事,这些事是教学前做不到的事情,能够实现哪些核心素养以及达到哪一水平层次。这样的教学目标能为教师教学指明方向,抓住教学的重难点。关于教学目标的陈述方式有很多,其中在信息科技学科应用比较多的主要是行为目标 ABCD 模式法、"内""外"结合表述法。

(1) 行为目标 ABCD 模式法。

行为目标 ABCD 模式法又称为四因素法,其中 A 指听众(audience),即行为对象;B 指行为(behavior),即行为表现;C 指条件(condition),即行为条件;D 指水平(degree),即行为水平。其中行为是该模式中最基本的成分。在陈述目标时最重要的就是对行为动词的选择,要依据学生已有的认知水平和信息科技核心素养的特点,选择适合的行为动词,选择行为动词后要依据布鲁姆的教学目标分类层次进一步细化,并在此基础上教师根据已有的经验与自身的理解来进行核心素养教学目标陈述的行为动词。

✎ **案例 2-7:初中计算网络及其基本功能的单元教学目标** ·················

① 复述计算机网络的定义;

② 描述计算机网络的基本组成:网络硬件和网络软件;

③ 列举计算机网络按地理覆盖范围的分类(如：广域网和局域网等)；

④ 解释计算机网络的两个基本功能：数据传输和资源共享；

⑤ 识别"数据""传输""资源"和"共享"概念；

⑥ 尝试通过收发电子邮件、设置访问共享文件夹等实验的方式，说明计算机网络的功能。

核心素养下的教学目标要以学生为课堂教学行为的主体，根据学生的探究活动自主生成知识，教学目标要能体现出学生通过学习应做到的行为结果，实质是学生的学习目标，因此在阐述时，要更改学生处于被动接纳的陈述方法，挑选具有学生主动意愿的陈述方法，例如"使学生……""让学生……""提升学生……"的陈述方法便是不正确的。这类陈述的改变不仅是陈述方式的改变，也是核心素养下课堂教学行为主体的改变，注重学生的行为主体地位，也有益于教学方法的转变。

(2)"内""外"结合表述法。

关于"内""外"结合表述法，即随后运用可观察的学生行为作为具体化参考的方式。简而言之便是必须两步进行，一是陈述内部的认知，二是描述认知后学生可以表现出来的实际个人行为，也就是外部行为。

案例 2-8：高中信息传输的单元教学目标

理解基于计算机网络进行信息传输的特点(内部认知)，能够归纳信息传输要素(外部行为)；理解网络协议的重要性和传输载体的特殊性和多样性(内部认知)，设计信息有效可靠传输的基本方法(外部行为)；了解信息传输实验的条件(内部认知)，学会在生活中接入局域网和因特网(外部行为)；关注技术思想与生活应用之间的紧密关系(内部认知)，为进一步深入学习计算机网络和通信技术奠定基础(外部行为)。

信息科技学科的根本目标是提高信息素养，从实际出发着力学科核心素养培养，有利于达成信息科技学科目标。学科核心素养由信息意识、计算思维、数字信息化学习与创新、信息社会责任组成，单元的教学目标兼顾行为目标 ABCD 模式法、"内""外"结合表述法覆盖这四个要素。但是在单元下的单课时教学中，无法做到每堂课都将四大素养均衡落实，所以在每课时的教学中，教师要对这四大素养有所侧重，体现重点。

案例 2-9：小学新技术探究的单元教学目标

新技术探究单元三维目标可以设计为：知识与技能方面，了解新技术的发展过程,了解新技术的概念和特征;在过程与方法方面,体验新技术实现的过程(计算思维),体会用新技术解决问题的基本过程与方法(数字化学习与创新);在情感态度价值观方面,提升对新技术的兴趣和敏锐性(信息意识),感受用新技术服务人类发展的责任感(信息社会责任)。

在陈述教学目标时,要与具体的教学内容相结合,明确规定学习的结果,避免"过大"和"过空"。比如"通过对……的体验,培养学生的计算思维",这样的表述就比较空洞,看似体现了对核心素养的培养,但是不够具体,没有具体说明培养计算思维的什么方面。因此,在陈述教学目标时,一定要具有可操作性和可测量性,避免模棱两可的词出现。

第三节　设计单元活动

单元学习过程是单元学习的具体展开,以实现单元学习目标为目的。学习过程有四个关键点。第一,问题结构,问题解决是人类思维的典型形式。第二,知识结构,系统化结构化的知识是学习的重要目标。第三,学习结构,学习结构就是认知结构也是科学思维方法的结构。第四,学习活动,引发和增强学生内心体验的学习活动是深度学习的环境。

一、学习活动设计的原则

学习活动的一般原则包括因材施教、教学相长、发展性等常规教学原则,单元知识结构学习方案的设计还需要遵循结构化原则和灵活性原则,因为学生学习的主要任务是获得系统化的知识体系。因此,在学习方案的设计方面,主要目的是指导学生进行系统化的知识学习。

因材施教原则就是指学习活动注重依据不一样学生的认知水平、自学能力及其本身学习方法,尤其是对学生的学习心理过程进行整体关照,从而确保每个学生都能充足、自由地发展。教学相长原则是指在信息技术快速发展的信息社会,教师在单元教学时,不能仅仅局限于课本和即得的学习资料,需要不断学习新的信息技术知识。此外,教师学科知识深度和广度也对学生学习知识的掌握和应用程度有所影响。在单元学习活动中,师生之间、生生之间相互传递知识和经验,教师和学生是共同成长和进步的。

发展性原则是指学生学习的短期目标是为了获得相应的知识和技能,但从长期教育影响来看，教学所发挥的作用，应当是学生获得适应未来社会发展的关键知识、核心能力以及价值观念等。因此，从这个层面上来看，信息科技单元教学应当依据学生的自身发展规律，承担使学生获得更科学和更持久发展的作用。

结构化原则要求教师把教学内容转化为学生容易理解和学习的形式，让学生能在学习活动的体验中，掌握学科知识的基本结构。单元知识结构学习活动要解决的主要问题是打破原有的知识壁垒，不仅仅是学科知识，还融合了学科间和相关领域知识，以及各种经验性知识，旨在提高学习者内在的知识结构，鼓励学生建构自己的知识系统，以便更好地将所学知识进行串联与应用。

灵活性原则指的是单元知识结构整体教学模式的应用基础性，在这个框架下，教师基于自己的理解和实际教学经验，可以有灵活的调整，学习活动的方案设计思路只是为教师的课堂活动组织提供了一个可供参考的框架，教师可以依据学生的已有认知结构、心理状态以及自身的教育经验进行适当调整。

二、学习活动设计的方法

要以"问题解决中构建核心概念"为主线来开展单元学习活动，帮助学生在深度学习过程中，不断发展学科的核心素养。首先，要设计可以支撑全部单元学习的系列单元问题；其次，要根据一个或好几个单元问题，分别设计系统、有层级的问题解决方案；随后，要依据学习材料和问题解决方案，开展有目的的自主、合作或探究等多个单元学习活动；最终，对学习成果开展沟通交流与探讨回答单元核心问题。学习成果可以是多样化的，如解决一个问题的方案、设计一个作品、做出一些决策等。单元教学活动的设计可以通过一个完整的项目教学来学习新技术，也可以通过若干个小活动来学习新技术。一个完整的项目比较适合学习一种新软件，若干个小活动比较适合学习多种新技术的相关知识。

✎ **案例 2 - 10：初中《人工智能初体验》单元学习活动（案例提供者：上海市闵行区浦江第二中学　黄嘉伟）** ·······························

本单元的大问题是"人工智能是如何实现的？"，子问题是"文字识别、图像识别、人脸识别和语音识别是如何实现的？"，下面以"人脸识别是如何实现的？"为例介绍如何在问题解决活动中构建核心概念人脸识别。

（1）学习问题：观看双胞胎姐妹解锁 IPAD 的视频，讨论为什么戴眼镜时不能解锁，不戴眼镜时可以解锁？利用 Aischool 推送题目，采用平台的投票功能收集数据，产生对单元问题"人脸识别是如何实现的？"的讨论。

（2）问题解决方案：人脸识别是基于人的脸部特征信息进行身份识别的一种生物识别技术。依据人脸识别的原理，利用机器学习平台，教师将问题解决分为三个活动过程如图2-4所示，活动一建立人脸识别模型、活动二制作人脸识别程序、活动三探秘特征与特征值。本单元学生所有课堂活动均在在线平台上完成，而教师只是这些学习活动的引导者，学生在学习的过程中配合教师的线下引导完成学习，通过各自制作的内容完成评分并给予一定的分数。

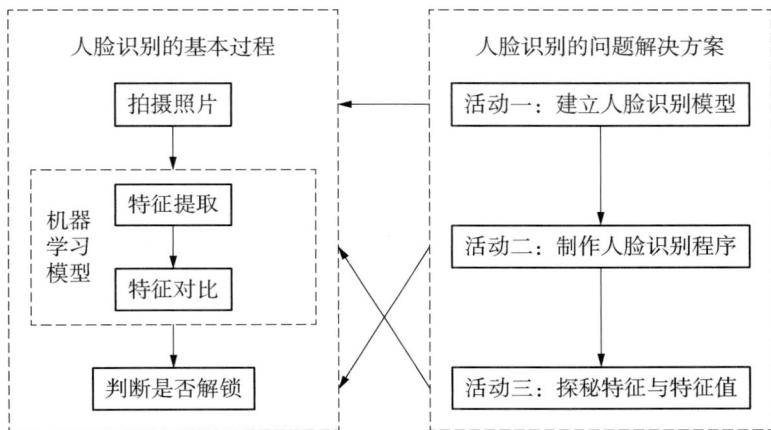

图2-4 "人脸识别"问题解决方案

（3）实践探究：

活动一：建立人脸识别模型。Aischool推送教程，学生自主在IBM机器学习平台上建立人脸识别机器学习模型项目，拍摄人脸照片，亲手采集有意义的数据，以便计算机可以通过机器学习"记住"人脸的特征值，体会数据量在实验中的作用，解除人脸识别的神秘感。

活动二：制作人脸识别程序。Aischool推送教程，学生自主学习利用图形化编程软件设计并制作人脸识别程序，并进行解锁验证，感受数据如何流转，了解人脸识别程序传递了什么数据、接收了什么数据。

活动三：探秘特征与特征值。该内容是人工智能的核心内容，对学生来说理解起来有较大难度，主要通过Aischool视频推送，自主学习特征与特征值的微课，与学生互动讨论了解人工智能机器学习的内部工作流程，从而建立对核心概念的理解。

交流拓展：结合人脸识别的过程体验，讨论自己设计的人脸识别机器模型成功与失败的原因。利用Aischool分组推送图片，分组讨论人脸识别在生活场景中的应用、人脸识别的优势与劣势，辨证地看待人脸识别对生活的影响。课后在 Moodle 平台看拓展 1(IphoneX FaceID 揭秘)和拓展 2(计算机视觉)，尝试介绍数字作品并在 Moodle 平台上分享学习体会。

在单元学习活动的教学方式选择上，教师可以灵活选择，针对不同的单元主题采取多种教学手段，如情景教学、合作学习、问题解决导向的教学以及探究式教学等，也可以采取多种教学方式相结合的方式，具体操作依照学校和学生的实际学习情况，灵活调整，以更适合学生的知识学习和理解方式呈现。

第四节　开展单元评价

单元教学评价是根据单元教学目标对单元教学全过程及结果开展判断价值，并为教学管理决策服务的活动，是对单元教学活动实现的或潜在的使用价值作出判断的过程。评价的方式通常有三类，分别是诊断性评价、形成性评价和总结性评价。诊断性评价一般在实施单元教学之前使用，主要是教师根据学生的准备程度，对教学过程的实施情况进行预估。形成性评价一般是伴随单元教学的整个过程，体现适时和适度的特点。总结性评价一般是在单元教学实施之后使用，对阶段的学习情况进行评估。教学评价的手段可根据评价对象而设计，对学生学习效果的评价可以采用考试或测验的形式，而对学生学习过程评价可采用自我评价、问卷调查、学生互评等方式。指向核心素养的单元教学评价，有两个主要目的：一是可以帮助教师了解单元教学设计是否合理，有助于基于实践反思调整与优化教学过程；二是可以了解学生的信息科技学习真实水平，便于单元学习过程中进行激励与管理学生的学习情况，可以及时对教与学的过程做出调整，有效达成单元学习目标。因此，建立科学、合理、实用的信息科技单元教学设计评价体系是对单元教学效果进行价值判断的关键，对促进信息科技教育改革及教学优化有着重要的意义。

一、单元评价设计的原则

信息科技单元评价原则在信息科技学科中对落实教育教学评价理念具体化，是利用评价方式制定评价标准、确定评价量规的重要依据。

1. 评价是教学设计的重要组成部分

在以往传统的教学设计中，教师通常把对学生学习的成就性评价当成教学任务完成后要做的事情。大量评价指向对学生学习结果的分析,或是对学生是否掌握知识和技能的分析。也就是说,在传统的教学设计中,教学大多没有将评价融入教学过程的设计中,导致忽视了学生在学习过程中的发展,要知道对学习过程的评价对于学生发展诊断有重要指导作用。明确了这一点之后,教师就要改变传统的教学评价观,不断创新教学评价设计,在单元教学设计中加入评价,充分发挥评价在教师教和学生学的过程中的促进作用,从而也可以体现评价的新理念。

2. 重视评价对教学的激励、诊断和促进作用

在信息科技单元教学过程中,应采用多种评价方式,鼓励和正确对待学生的学习,促进学生在单元中整体发展学科核心素养。教师要注重观察学生实际技术操作步骤和活动的全过程,分析学生典型的数字作品,观察学生在信息技术操作过程中的学习情况和使用信息技术解决问题的能力。教师在向学生展示评价结果时,应多使用评价建议、学习报告等方法,多使用激励性的语言表达。这样一方面有利于激发学生主动学习的兴趣,另一方面也有助于帮助学生分析自己的优点、不足和努力的方向,促进学生进一步发展。在评价中,要谨慎使用定量分析和评价,在呈现评价结果时尽量避免对学生进行排名,要弱化评价在学生选拔中的作用,以减少因学生评价而造成的学习压力。教师除了要掌握学生的学习与发展状况外,还需要利用评价的结果来思考和改进自己的单元教学环节,充分利用评价与单元教学的相互促进。

3. 关注评价行为主体的多元化、评价活动形式的多样化

要把评价活动变成学生自己、学生与同伴、学生与教师、学生与家长的过程参与,把教师评价、家长评价、学生评价有效结合。在过去的信息科技学科评价中,评价的主体一般都是教学,学生只是评价的对象。评价活动一般都是教师明确指出的,如什么时候开展,具体有什么评价要求。学生在评价中的任务主要是听从教师的布置,并为评价做好充分的准备。在这种教师主导的评价活动中,学生处于被动地参与到评价活动中,无法充分发挥参与者的主动作用和体现学科本身的特征。因此,在信息科技学科的单元评价活动中,首先要与时俱进创新评价思想,把教师评价的行为主体,更改为学生为评价的行为主体。要让学生主动参与到教学评价中,鼓励学生做出个人评价、反思自己的单元学习状况,评论同伴的学习状况,甚至让他们可以对教师的单元教学情况发表评价,明确提出自己的观点,从而在学习过程中建立新型师生伙伴关系,建立激励机制,激励学生与同伴,学生与教师互相帮助,共同改进课堂教学。教师除了要改进单元教学方法和进行各种调查以掌握学生的知识和技能外,还要在学生的真诚关注基础上,多花精力与学生进行讨论和交流,关爱和发掘每个学生的长处,培养学生的自主学

习能力和学科学习的自信心，促进学生的健康成长。在此基础上，还可以让家长成为评价的参与者，引导家长也转变评价观念，把关心孩子的核心点放在最合适的地方，与学校教育要求相一致，建立家长和教师共同关心学生的学习和发展的机制体系。

实现信息科技单元教学主体的多样化，有利于评价者与被评价者的互动交流；有利于促进教师和学生互相了解和理解，形成积极主动、友善、平常和民主的师生关系；有利于学习评价，关心学生发展；有利于评价活动得到学生的欢迎，使评价活动变成学生主动参加，成为自我反思、自我管理、自我提升的全过程。

4. 关注学生的个体差异，鼓励学生开展实践活动

信息科技单元教学中涉及的问题之一是学生之间的差异。学生自身的差异导致信息科技学习过程中的学习要求水平不同，主要体现学生应用信息技术解决问题的能力和学习能力等方面上。信息科技单元评价应该充分认识到这种差异。因此，教师必须高度重视并坚信每位学生，善于发现每个学生的个人爱好和特点，尽量让每位学生自信起来，在点评时充分注意学生的个性化和创新力。信息科技单元评价的标准和评价方法的建立和采用，应确保大部分教学目标得以保证，让学生能以不同的方式展示自己，让不同学习起点的学生在基本层面都可以获得较成功的体验。此外，在信息科技的学习和使用的过程中，要高度重视学生的个性化和创新力，对于学生的数字作品制作和学习任务的完成，要给予充分的鼓励和肯定。

5. 保证评价的客观真实性和公正性

只有确保评价的客观性真实有效和公平公正，评价才更有意义和达到目的。因而，如何确保评价的客观性、真实有效和公平公正是评价的一个原则问题，务必在理论研究和实践活动中给予高度重视。例如评价行为主体的多样化，便会由于各评价行为主体的主观原因，影响单元评价的结果，进而影响到评价结果的客观性和真实性。所以，在单元教学评价设计时，要有较为一致的评价标准，促进各评价行为主体之间的有效沟通和交流。再例如，评价任务的设定不可以过偏，单元中各项任务要与学生的学习或生活紧密联系，避免设计脱离学生生活或学习经验的评价任务。评价任务要面向全体，体现公平和公正性，不可以偏难或过度偏重一些学生的生活经验。

二、单元评价设计的方法

单元评价是对学生单元学习状态的整体评价，应偏向于学科核心素养的实

现,尤其是在单元的实施中实现前期设计中的单元教学目标。单元评价要务实、精准、可测,对评价目标进行教学目标要体现"总体目标-教学-评价"的一致性。比如:标准中"新技术探究单元"的目标,新技术探究单元的评价重点可为"了解新技术的基本特征或原理,会利用该新技术实现一定功能(计算思维)"。了解新技术的新进展和新应用,并能适当运用在学习和生活中(数字化学习与创新)。学生知道新技术应用发展趋势的过程,可以从信息意识和信息社会责任两方面客观对待新技术应用带来的双重影响。

案例2-11:初中《人工智能初体验》单元评价

本单元的评价目标包括:一是在"文字识别"活动时,能了解文字识别的基本原理,了解非监督学习的基本含义,能体会数据对文字识别的作用。二是在"计算机视觉"活动时,了解图像识别和人脸识别的基本概念,体会图像识别和人脸识别的基本步骤,感受数据量对计算机视觉的意义。三是了解语音识别的相关概念,体验语音识别的一般步骤,分析生活中语音识别的用途,感受语音助手带来的便捷,单元评价如表2-1所示。

表2-1　单元评价表

问题主要情境	观测点	评价主体	评价形式		评价结果
人脸识别	☑活动表现 ☐作业表现 ☐测验表现	☑自己 ☑同学 ☐教师	☐口头评价 ☐纸笔测验 ☐作业 ☐档案袋 ☐课堂观察	☐作业评价 ☑上机测试 ☑实验报告 ☐图示	☐分值 ☑等第
……	☐活动表现 ☐作业表现 ☐测验表现	☐自己 ☐同学 ☐教师	☐口头评价 ☐纸笔测验 ☐作业 ☐档案袋 ☐课堂观察	☐作业评价 ☐上机测试 ☐实验报告 ☐图示	☐分值 ☐等第

伴随着互联网大数据、人工智能技术等高新科技的进一步发展,新概念与新技术应用必定会发生,单元教学都会有新技术应用或是老技术引进。首先,要把一个主题的技术性作为一个整体的单元教学内容,体现教学目标、教学过程和教学评价的一致性,突出学科核心素养培养的长久性;其次,要以核心概念为本设

计方案教学,要依据学生的学习情况,以问题和活动为载体,创设学生需要的数字化学习活动与环境,引导学生利用信息技术开展单元实践,运用一定的数字化策略管理学习的过程和学习的资源,创造性地解决问题或设计出体现个性的数字化作品,形成数字化学习与创新能力;最后,为推动核心概念的更好理解,还应根据信息技术帮助学生构建个人虚拟的网络单元学习活动空间,形成单元内容可靠、单元资源丰富、交流分享便捷的数字化单元学习环境,推动学生深层次了解学科知识和合理转换学科知识,另外也丰富教师的教学方式,扩展师生互动的沟通交流方法。单元教学设计以落实学科核心素养为重要手段,值得教师在教学实践活动中进一步深入研究。

第三章

中小学信息科技单元中单课时教学设计

在单元教学的系统中,单元的单课时承载着完成单元教学目标和深化单元教学内容的重要任务,它是一个相对完整的子系统,而不是一个独立于单元教学之外的、独立的教学实践单位。单元教学的主题、目标、活动和评价必须依靠单元中每个单课时承载的分解任务完成才能达成。因此,单元中单课时的教学价值点应该从单元主题、目标、活动、评价的视域来确定,并将其与单元的教学目标相互映衬,以达到最大教育效果。本章所讨论的主要内容包括如何确定中小学信息科技单元中单课时目标、设计教学内容与教学、选用课堂教学模式,以及如何实施课堂教学评价。

第一节 确定单课时目标

核心素养指向的单元设计中单课时的目标和以往单元课时的目标,其定位是不一样的,以往单独的一节课,不会特意去关注这一节课与前面一节课时的关系,但单元整体设计中的单课时目标就不一样了,它需要与上位的目标(单元目标)相对应,而单元教学目标既是课程目标的分解,又决定了课时目标的制定。因此,在谈单元整体设计的单课时教学目标设计时,先要精准定位单元的整体目标,再根据单元整体目标来细化设计单课时的目标,确保精准地完成单元每个课时,达成单元总体目标。

一、课时目标的确定依据

中小学信息科技学科教学目标，依据信息科技教育的培养目标和信息科技应该起到的作用，对学科应该完成的任务而做出规定，包括基础知识、基本技能、基本能力、个性品质和世界观等方面。

培养学生的信息素养，关注学生在实践活动中获得的学科经验，这些活动依靠信息技术和信息技术工具来获取、处理和表达信息内容，学生在信息活动开展过程中理解信息的重要性，分析软件和其他信息技术管理工具的使用来解决问题；发展积极参加信息科技活动，积极学习信息科技原理的兴趣；在参与体验活动的全过程中，分析、探索和思考与信息技术的使用紧密相关的社会问题，并培养适当的信息技术应用习惯和信息技术价值观。

在长期的教学实践活动中，教师们长期以来习惯于使用"三维目标"来编制教育和教学的总体目标。对每一堂课都会描述三维目标：知识与技能、过程与方法、情感态度和价值观。新的课程标准着重于三维目标相互融合，共同构成信息科技教学的培养目标。只有完成融合了三维目标的信息科技教学，才可能更有效地提高学生信息素养。所以，以学科核心素养作为主要培养的方向，是实现三维目标整合的有效途径。下面将详细分析知识与技能、过程与方法、情感态度与价值观三个维度的目标。

1. 掌握一定的信息科技基本知识和技能

信息科技知识范畴包括信息的概念和特征、信息技术原理、信息技术的历史和发展趋势以及与信息活动相关的法律法规。信息获取是指获取信息的来源、方法以及它们各自的特点。信息处理是指信息的数字化表示和使用的不同方法和用途。信息表达是指专用的信息交流工具的各自特点，以及它能表达不同特点的信息内容的基本方法和原理。中小学阶段对知识目标建议达到的要求是：信息和信息技术有关的概念，信息系统组成及其工作原理等，通过体验与思考对这些概念和原理能达到一定认识的水平。比如，高中阶段可以知道信息社会中数据信息的有用价值，有效地、合理地使用与加工数据信息；能够掌握算法和编程设计相关的基础知识，可以使用这些数字化工具解决生活或学习中遇到的问题，认识到人工智能技术在信息社会中日益重要的作用。

了解和掌握这些学科知识，可以帮助学生利用信息技术来解决实际的日常生活问题。这些学科知识就是核心素养的基础。比如，学生在信息社会中，随时可以用信息技术工具获取大量的信息内容，可是如何分析信息内容的可靠性和准确性呢？如何预估和分析信息内容可能造成的危害？解决此类问题的方法取决于学生掌握的相关学科知识，而分析、处理和解决各种问题的高效率的关键在于学生对信息处理方法和工具等学科知识的掌握程度。此外，学生还要能合法地、健康地、安全地参加信息活动，这就要求他们能掌握相关的法律法规。

中小学信息科技的基本技能主要包括学生学会使用与日常学习和生活直接相关的一些信息技术工具和软件，这些工具和软件的学习可以帮助学生更好地掌握信息科技的基本知识，并且坦白地说，"基本技能"意味着学生不仅可以执行实际操作，而且可以进行信息获取、加工、表达等来处理日常生活中的问题。所以，学生在实际使用中，不但会有基础知识的需求，还需要有基本技能。中小学阶段对技能目标建议达到的要求是：学生在学习信息技术技能相关的实际操作和应用之后，能达到一个精细的水平。

信息科技的知识与技能涵盖范围比较广，体现信息素养所需的学科知识和学科技能，可以依据解决问题的信息技术水平、方法和评价要求来决定。学生应了解信息科技时代有关信息技术的常识性问题和知识，了解信息技术是什么，包括技术的使用、对社会和生活带来的影响和相应的局限性；信息系统的组成部分，每个组成部分都是信息系统工作的基本功能；各种相关特定术语（例如计算机病毒，计算机网络，物联网技术，人工智能技术等）的含义等。因此，中小学信息科技教育还应该使学生具备一定的信息科技基础知识，并且基本能够阅读与简单信息科学领域有关的文章，参与相关的讨论，并探讨信息技术的发展和应用。

2. 培养和发展学生用信息技术解决问题的能力

信息科技学科的目标是培养学生的信息素养。也就是说，单元教学的重点不能仅仅停留在信息科技的操作层面，只教学生在何种情况下选择哪种信息技术和工具来获取、加工、表达和交流信息内容。当然，这首先要求学生熟悉各种相关的信息技术和工具。因此，单元教学的关键是培养和发展学生运用信息技术解决问题的能力。在解决问题的能力方面，学生首先要在能分析问题的基础上，明确自身的信息需求；然后可以选择合适的信息技术工具来解决问题，从中体验到用信息技术解决问题的一般过程，在此过程中学会学习并发展计算思维。主要包括：信息需求分析能力、信息收集和管理能力、信息加工和表达能力、信息技术工具选用能力、新技术探究和适应能力。教师授学生以鱼，学生一日享用；教学生以渔，学生终身受益匪浅。这种能力将有助于培养学生更好的在信息社会生存和发展的能力。

应用学到的学科知识来解决实际的问题，这是学习信息技术基础知识，形成基础技能和能力的结果。这也是对获得的学科知识、学科技能和解决问题能力的检验。它是信息科技教学的重要目标。实际上，分析问题和解决问题不仅需要基础知识和基础技能，还需要基础能力，而这种能力恰好在学习基础知识和基本技能的整个过程中逐渐形成。为了掌握信息技术工具，除了一些最基本的实际操作之外，还必须进行专门的学习。关键是基于单元主题的研究和单元活动的学习过程，逐步掌握和提高解决问题的能力。因此，学科知识、学科技能和解决问题能力应紧密联系在一起，在单元教学中必须给予重视。

信息技术解决问题的能力具体体现在：学生在学习活动中具有问题意识，善于发现和提问。学生可以整合日常任务或问题情境，以明确定义合适信息内容的来源；学生可以制定行之有效的信息收集计划；学生可以根据问题的要求收集信息、信息管理、加工信息内容等；学生可以使用信息技术工具清楚表达自己的观点和思想，并给出问题的答案；学生可以根据解决问题的需要，对现有信息技术设备、工具和资源的优缺点进行评价，使用合适的信息技术设备、专用工具和资源来解决问题；学生可以使用合适的信息技术与他人进行合理的沟通和协作；学生可以反思解决问题的全过程，获得解决问题的经验。

3. **培养与信息社会相适应的价值观和责任感**

学生使用信息技术解决问题的过程，通常都是在一定的生活和学习背景下进行的，这就势必会涉及生活和学习的各个方面的发展。因此，教师在组织学生参加信息内容活动时，要关注到学生的情绪和感受，培养他们的责任心，遵守相关的法律法规、社会道德规范，帮助学生能在一定范围内用所学信息技术有效处理和解决问题。与信息社会相适应的价值观和责任感主要体现在两个方面，一是对待信息内容的态度，二是对待信息社会的态度。

对待信息内容的态度是指学生可以用信息观念对信息技术使用现象进行分析和理解，知道信息技术使用的作用和现实意义，可以积极地使用信息技术工具或软件来解决问题。可以对使用得好的信息和信息技术表达喜欢或称赞，并更加积极的使用；对于不良信息和信息技术要进行抵制，积极遏制其传播，从而体现出对信息和信息技术使用负责任的态度。在表达和发布信息时，应该有一种责任感和观念，合理地使用信息和信息技术，并在信息内容的整个过程中注意礼节知识、社会公德和道德规范。

对待信息社会的态度是指学生在参与信息社会时，不单单体现在接受信息的程度上，还要体现在乐于创造信息，积极参加各种在线论坛、在线媒体等信息交流场所，合理地发布各种信息内容，正确看待和解决信息技术对社会发展的不利影响。信息社会的发展给大家带来了很多便利，但同时也产生了很多负面危害,例如信息犯罪、网络信息安全等,这些问题需要得到正确的处理和解决。学生作为信息社会的成员,不但要参与信息社会活动,还要学会处理在信息社会中遇到的各种问题。因此,学生通过学习要逐步提高自己应对、分析、解决信息社会中各种问题的能力。比如,对信息获取的分析和处理能力,对自身信息保护的能力,对各种非法和犯罪信息的自觉抵制能力,利用网络时的自我约束能力。

综上,知识与技能、过程与方法、情感态度与价值观三个方面的目标要相互渗透,有机联系在一起,才能协同达成中小学信息科技教学的单元培养目标。当然,知识技能是重要的基础,过程与方法是内核,情感态度与价值观要与技术学习的内容结合在一起。教师在开展单元教学的实践时,要正确地指导学生在学习和使用信息技术的过程中,完成知识和技能、过程和方法、情感态度和价值观等不同方面的学习。实践中值得注意的是核心素养的培养需要协同、整体提高并发展,不能割裂成三个方面或某两个方面,通过相互独立的教学活动分别进行培养。

二、课时目标的确定方法

1. 知识与技能目标

知识与技能目标是结果性目标。关于知识可以是指使用语言表达的定义、规律、标准等;关于技能可以是指通过练习而形成的、完成某些任务所必要的互动方式。因此,知识与技能目标表述的四个要素(ABCD 模式),即学习主体、行为动词、行为条件、表现程度,具体表述可以是"学习水平的行为动词+学习内容"。

(1)知识目标。

四个学习水平:知道、理解、运用、综合。

知道:能识别和记住学习内容。常用行为动词有复述、识别、描述、列举等。

理解:把握内在逻辑关系,与已有知识进行联系。常用行为动词有说明、解释、比较、区分、举例、推断等。

运用:能运用所学的知识,解决简单问题。常用行为动词有计算、实现、使用、解决、分析、组织、解析、执行等。

综合:能运用所学的知识,解决新情境下的较为复杂的问题。常用行为动词有计划、假设、评价、设计、整合、建构、综合应用等。

(2)技能目标。

三个学习水平:模仿、熟练、掌握。

模仿：能参照演示或提示，模仿操作。常用的行为动词有尝试、使用、模仿、运行、调试、演示等。

熟练：能独立执行所学的技能。常用的行为动词有独立执行、独立操作、独立完成等。

掌握：能根据需要选择技能。常用的行为动词有应用、制作、使用、安装、实现等。

✒ 案例3－1：高中《信息安全与社会责任》单元两课时知识与技能目标

第一课时

（1）列举信息安全的内容；

（2）描述对信息的常见保护措施；

（3）列举信息安全技术的应用领域；

（4）描述信息安全技术的发展趋势；

（5）独立操作升级和数据备份；

（6）列举常见信息安全工具的使用方法。

第二课时

（1）描述信息安全对国家安全的重要性；

（2）列举信息安全领域面临的主要威胁；

（3）描述知识产权的要素；

（4）列举网络知识产权保护的方法。

2. 过程与方法目标

一般在明确了知识和技能的总体目标之后，有必要进一步分析如何探究获得的知识和技能，如何经历整个探究过程，必须使用哪种探究方法，然后根据在学生现有的知识、技能经验和认知能力，阐明整个过程和方法的目标。

教师制定过程和方法目标时，要考虑反映学生体验、感受和掌握信息技术解决问题的整个过程和方法，细化来说，可以包含信息获取、处理、加工、表达和评价等。同时，教师还应注意要把信息技术相关的知识和技能，体现在实际的生活和学习的应用方面。因此，过程与方法目标可以不需要做学习水平分类，用语言直接描述具体的要求，包括体验性要求、核心能力（用技术解决问题能力）要求、学习策略要求。学生必须经历的过程性体验，主要写学生在该单元必需的学习经历，但是不必强调教学过程，也不必强调情景设计和学习结果要求。学生能够发展的核心能力要与信息素养中的核心能力相对应，同时结合单元学习内容来写。

过程与方法目标表述的四个基本要素和知识与技能要素是相同的,也包含学习主体、行为动词、行为条件、表现程度。实际描述可以是"行为条件＋学习水平的行为动词＋学习内容"。在设计过程与方法教学目标时,要注意可行性并且清晰明了,同时能观察学生的实际学习行为。它必须是有目的性的、可操作的和可评价的。实现整个过程和方法目标的最重要的事情是让学生真实地体验和感受。过程和方法的目标的常见行为动词是经历、参与、参加、尝试、寻找、探索、沟通、协作、分享、访问、浏览、调查、提问、协作、处理等。例如,经历是指以下过程的整个过程:生成知识,单独或以协作方式参加活动,让学生对学科知识获得初步经验,在此过程中建立对学科知识理性的理解;体验是指生成知识并能够表达和应用知识的整个过程;探索是指探索和发现问题,通过使用获得的知识来分析和解决问题的全过程。

✎ 案例 3－2: 初中《信息的搜索与鉴别》单元两课时过程与方法目标 ·········

第一课时

(1) 通过"搜索引擎测评"活动,体验搜索引擎的使用方法;

(2) 通过分析与讨论,认识搜索引擎的一般工作过程;

(3) 通过搜索"新华字典的汉字数量"活动,体会用好搜索引擎的方法。

第二课时

(1) 通过具体案例分析,形成对信息的初步判断;

(2) 通过小组讨论分析信息的真假,体验信息鉴别的一般依据和方法。

3. 情感、态度与价值观目标

情感态度价值观目标是基于个体与世界的关系,围绕情感、态度和价值观三个组成部分进行紧密地整合。其中基于情感成分整合为"情感",基于认知能力整合为"价值观","态度"本身主要是根据正确的情感和价值观综合指导下,通过实际个人行为来体现的。

情感、态度与价值观层面主要写观念、意识、兴趣、态度、价值等在本单元的体现,表述的都是学习结果。要尽可能写表现性的要求,结合单元学习内容来写。在对情感态度与价值观维度进行学习要求表述时,也可以不指明活动内容或学习过程。

描述体验性目标表述的四个基本先决条件是学习主体、经历境遇、行为动词、行为对象。一般在描述时,可以用"经历境遇＋行为动词＋行为对象"的方式,体验性目标的一部分可以省略陈述,但经历境遇不能省略。经历境遇是学生经历的主题活动的情况和遇到的困难情况。体验性目标突出了对学生所经历的学科活动情况的关注，而经历境遇则是关注学生在学习过程中遇到的学科活动情况和困难情况。活动情境情况是学生感受客观性的基础。

行为动词主要涉及学生的体验和感受、研究和实践、协作和交流等。通常，它们主要表现出经历、体验和领悟等。例如，经历是指以下过程的全过程：生成知识、单独或协作参加单元活动、获得初步经验并建立感性的了解，行为动词有熟练操作、熟练使用、有效运用和规范运用等。反应是指从经验中获得和表达感受、态度和价值判断，行为动词包括个人亲历、体验、感受、交流、讨论、观察等。领悟则体现相对稳定的态度建立，是指对持续的个人行为和具有人性化的价值观，常用的行为动词有形成、养成、热爱、树立、建立等。

✎ **案例 3-3：初中《图表的创建》单元三课时情感态度价值目标** ············

第一课时

（1）体会数据表格在现实生活中的重要作用。

第二课时

（1）通过数据表格软件的运算和纸笔运算的比较，体会数据表格的便捷性与准确率；

（2）在数据收集、整理的基础上，体会使用适当的工具与方法进行数据分析与表达，为决策提供有力证据的过程。

第三课时

（1）在对数据及其图表深入分析的过程中，体会不同类型的图表所表达的不同含义；

（2）体会图表可以为问题的分析与解决提供直观可信的依据，尝试利用依据服务于决策；

（3）通过数据分析中的大胆猜测、小心求证，培养用数据说话的意识，形成严谨的科学态度。

第二节　设计教学内容

信息科技学科相对其他学科而言，有其自身几个方面的特点：第一方面，信息科技学科具有发展性。信息科技学科在学科研究、教师队伍建设、环境基础建设等方面存在非常多值得探讨的问题，因为信息技术本身正在经历着变革，信息技术教学内容也在不断变化与发展。第二方面，信息科技学科具有应用性与实践性的特点。信息科技学科是一门非常注重实用性和实践性的学科,学科关注培养学生用信息技术处理学习或生活中问题的能力,信息素养的提高体现在学生对信息技术的实际操作和使用的主动性、正确的态度和应用水平。第三方面,信息科技学科具有创新性和挑战性。信息技术本身提倡自主创新,信息技术应用的最重要特征是趣味化。因此,信息科技学科更加注重学生创新能力的培养。另外,信息科技学科的内容,尤其是电子计算机和多媒体信息技术的内容,具有丰富的表现性。因此,和其他学科相比,信息科技学科还具有很强的趣味性。教师在教学中可以选择不同的教学方法,促进学生对信息科技学习的兴趣。第四方面,信息科技学科具有综合性和人文性。信息科技学科的内容不仅涉及信息科技的基础知识、信息科技的基本操作,还涉及信息科技在学习和日常生活中的应用。尽管信息科技具有很强的实用性和工具性,但它也是人文性的。学科的内容主要根据学生的全面发展的总体目标来确定。信息科技学科具有工具价值和丰富的文化价值。

因此,在设计教学内容时要依据这些特点,结合现有实际校情和学情,确立中小学信息科技教学内容的选择、处理和实施。

一、教学内容选择的原则

在教学过程中,合理选择和确定教学内容是非常重要的,学科发展的不同时代、不同发展阶段、不同教学观和学生观,不同教师都会对教学内容的选择持有不同的认识和方法。教材内容的选择主要受到学科、学生和社会这三方面的影响。中小学信息科技在教学内容选择上应当考虑学科内容本身的性质、学生实际的水平和社会发展的需要,充分体现课程标准的设计思路,要遵循以下三个原则。

1. 基础性原则

中小学信息科技学科是面向全体学生的一门基础性课程。它既是信息科技专业领域的基础,也是学生在信息社会学习和生活的基础。因而,教师在教学设计时必须始终围绕学科核心素养的落实,立足信息素养培养的要求角度进行设计。那么,单课教学内容作为信息科技单元教学内容的基本载体,它在内容的选择上也必然要体现教育的基础性原则,以培养和提高每一位学生的信息素养为出发点,而不是培养信息科技专业人才。

因此,应从信息科技学科知识体系中,精选出面向全体学生发展的最基本、最基础、最典型的学科知识和技能。这些内容应该是不易随技术发展而被淘汰的、最具代表性的、应用范围广的、能够有效地促进知识迁移,促进学生基本信息素养形成的信息科技核心知识。例如《网络信息搜索》是华师大版教材《初中信息科技》第一册第二单元《网络与生活》中第一节第一项内容。教材中该节内容只有 2 页篇幅，主要关注怎么在搜索引擎中输入关键词进行搜索，基本停留在操作方法层面。由于该课的教学对象为六年级学生，他们大多都有使用搜索引擎查找信息的经历，因此相较于搜索引擎的使用方法，他们更需要学习的是怎样快速高效地找到所需信息，或者说是搜索引擎使用的一些技巧。随着搜索引擎的不断升级，还可以向学生介绍一些搜索引擎的新功能，这些恰恰都是教材没有涉及的内容。因此在该课教学内容的选择方面，可以将教学内容重点确定为"熟练掌握搜索引擎的使用方法，能够根据需求灵活选择关键词、搜索工具、搜索结果"，让学生了解一些能有效提高信息搜索效率的技巧、了解一些搜索引擎的新功能作为主要教学内容。

2. 适切性原则

中小学信息科技学科涵盖面广，涉及的知识领域宽泛，新技术的发展层出不穷，在教学内容的选择上容易造成多、杂、乱、难等现象，从而使教学课时少、学习内容多、学习要求高、学业负担重的矛盾特别突出。在信息科技教学中是否能够优选适合学生认知水平的教学内容，充分考虑总体容量的适切性、难易程度的适切性，将对教学产生很大的影响。

教学中总体容量的大小不仅受到课程标准或教材中规定的学习内容的限制，还会受到课程方案中教学课时分配的制约。有些时候教材部分知识与其他年段内容重复，没有实现学习的螺旋式上升，这样势必会造成学习内容大大超出总体容量，产生课时严重不足的现象。因此，为了确保按时完成课程标准中规定的学习要求，教师在选择教学内容的时候，要符合学生的年龄特点、已有知识基础和认知水平情况，处理好原有知识技能与新学知识技能之间的衔接，处理好小、中、高各年段的知识衔接，对于低于或超出学生认知水平的内容应删除或修改，以保证难易程度的适切性。例如：初中教师可以针对学生在小学阶段已能熟练掌握文字处理软件的情况，增加文字处理软件的模板功能，可以将这一技能应用于个性名片的设计，既避免了学习内容的重复，又提升了学习内容。又如：有些教材用演示文稿制作作品有多个范例，教师可以将演示文稿制作单元的三个活动进行重组，可以设计关于"班级演讲会之低碳环保"的案例。同时，针对不同地区、不同学校、不同学生，教学内容的选择上可以采用难度分层的方式，关注对于学生不同知识基础和认知水平情况的适切性。

3. 前瞻性原则

信息科技学科不同于其他学科的最明显特征是：它没有像数学、物理那样有一套长期形成的、完整的知识体系,而且学科内容的发展与变化又特别快。20世纪80年代的课程内容到了一期课改时早已过时,一期课改时的课程内容到了二期课改时又已被淘汰,二期课改至今已有二十多年,随着新课标的出台,课程内容又不断更新和变化。

因此,在当前这个信息化程度不断提高的社会环境中,仅根据课程标准和教材编制时的信息科技来确定教材内容,势必很快就将落后于信息科技的发展。所以,教学内容必须具有一定的前瞻性,特别是对涉及的具体软硬件,要允许随时进行补充、修改和更新。例如,适当选择反映技术发展趋势的内容,如人工智能技术、物联网技术等,让学生有机会了解最新技术的成果,感受技术应用的魅力,展望信息科技的发展。只有如此,才能使学生的学习与我们的生活实际接轨,才能满足学生在信息社会的学习需要,激发深入学习的欲望,促使其自主探究不断更新和诞生的新技术、新工具,培养他们对信息技术发展的适应能力。也只有如此,才能真正体现课程的价值,有助于落实全面提高所有学生信息素养这一学科目标。

二、教学内容处理的方法

信息科技教学内容被选好之后,若是不加以组织处理,那将是支离破碎、不成体系的,不利于开展学习。因此,如何对这些内容进行表述、编排以保障教与学的顺利开展也是不容忽视的问题。教学内容的处理其实主要受到学科、社会和学生这三方面的影响。理想的教学应基于学科本身专业知识的逻辑,对社会发展的需要以及学生认知能力的发展趋势,遵循科学性原则、综合性原则和操作性原则。

1. 科学性原则

要根据学生的认知发展规律和本学科的知识逻辑特点来组织教学内容,以保证教学内容的科学性。

首先,在教学内容的处理上要有合理的学科逻辑结构,要符合学生的思维习惯和认知规律,使其形成比较完整的学科知识体系。例如:将华师大版第一册第一单元《走近信息世界》和第二册第一单元《信息技术基础知识》结合起来学。内容包括:信息、计算机内信息的表示、信息安全及防范、计算机系统、计算机网络。最后完成一个"信息安全活动报告"。这样符合人们认识信息、处理信息的逻辑关系。

其次,在教学内容的表述上也要注意概念描述科学、前后表述一致、文字描述精炼、条理表述清晰。

最后，教学内容在组织处理时不仅要有知识结论的呈现，更要有科学、恰当的过程性指导。例如处理初中网络搜索教学内容时，可以设计问卷进行"搜索大赛"，把想要教给学生的搜索技巧和想要学生尝试的新功能融入每一个问题，并提供提示信息，使学生在活动中亲身体验感受。在此基础上通过小组活动学生交流经验、体会和遇到的问题，再进一步通过全班交流、深入分析，归纳出提高搜索效率的技巧。从一般搜索过渡到高级搜索，采用实例教学、自主探究等多种形式帮助学生完成学习任务。

2. 综合性原则

工具性质决定了它在教学内容的处理中必须具有很强的综合性，使学生能够将信息技术综合应用于新的项目教学中，并在整个学习过程中学习和使用信息技术解决问题，从而进一步提高学生的信息素养，即在处理教学内容时，必须高度重视三维目标的综合培养，信息技术的综合应用和学科之间的整合。

因此，在处理教学内容的过程中，首先要改变以往只重视知识传授以及操作训练的思想，注重能力培养与情感态度价值观的教育。例如：小学信息科技教师可以在教学中关注学科的育人价值，教师在引导学生学习知识技能的同时，利用演示文稿的自定义动画设计交通安全公益广告，达到学科育人效果。

其次，要合理设计能综合运用信息技术解决实际问题的项目教学。设计时要认真考虑选题、活动流程、合作方法、评价指标等多方因素，以实现它的层次性、开放性、实践性、整合性和创新性。例如：初中信息科技教师可以设计项目教学《零用钱到哪里去了》，学生以小组形式参与该项目教学，通过学习，能以表格和图表的形式来分析和统计数据，并将表格和图表数据应用到结题 PPT 的展示文件中，交流自己的零用钱去向，分享好的理财方法。

当然，在处理教学内容时，还可以将其他学科的知识适当地整合其中，以体现跨学科的特点。例如：将图表制作与地理课程中的"水资源"结合起来，设计新的《图表分析与运用》教学内容，通过谈话引入、分析图表、运用图表、展示交流、总结延伸五个教学环节，帮助学生巩固、提高图表分析能力，实现用图表说话的目的。

3. 操作性原则

教学内容的处理是否有助于学生对教材的理解和设计，是否有助于展开学生的自主学习和实践体验活动，是否有利于师生之间的互动，是评价教学内容实用性的重要指标。因此，教学内容在处理上不仅要"有用"，还要"好用"，实现人性化设计，遵循操作性原则。

要体现操作性的原则,教师在处理教学内容时,还需要注意除了体现知识结构和知识体系外,应该有较强的学习指导和相关资料的支撑。

（1）安排符合学生的年龄特征、认知规律的活动环节,体现信息收集、信息处理和信息发布的有序信息处理过程,有助于学生遵循规范的步骤和过程来独立解决问题,有利于获得知识和能力的发展;

（2）提供丰富的活动资源。如:在配置计算机的过程中,向学生提供一个在线的模拟攒机平台资源,该模拟攒机平台较为真实,学生能直观地查看各硬件,大大简化了学生的配置过程,降低了配置难度;

（3）提供生活化、多样化的范例或示例。如:优秀的作品范例、进行对比分析的范例、辅助说明某些知识点的范例、评价量表的范例等;

（4）提供恰当到位的活动指导。如:学习方法的指导、分工合作的指导、评价指导等,使之成为学生自主学习、合作学习的指南。

由此可见,在教学内容的处理上只有做到以上几点,才有助于做到知识传授、技能训练、能力培养、情感传递,让学生得到具体、实在的收获。

三、教学应遵循的基本原则

教学过程有序直接影响到教学设计的质量。在设计和实施教学过程时,应考虑可能出现的各种教学问题,使用多种策略和方法尽量避免问题的发生,同时确保活动的顺利实施。

1. 突出重要环节

教学中应明确分组、确定主题和计划、搜集和整理材料、完成作品、展示与评价等环节,各个环节在实际教学中进行落实,都是有其道理的。引导学生根据环节确定相应的学习行为,也能在各个环节突出培养学生不同的能力。例如:在分组、确定主题和计划环节,着重培养学生合作和交流的能力;在搜集和加工材料环节让学生利用网络搜索符合主题的材料,查找能力得到锻炼;评价环节有利于学生建构合理的评价体系。在教学过程中可以根据先后的顺序逐一进行重点剖析和说明,让学生提高各个环节所需要的能力,理解各个环节中的要素。

2. 过程力求规范

学生在问题解决的学习过程中,可能会与学生今后在实际工作中遇到的科研项目、技术开发、工程建设、产品设计等工作的过程有很多相似之处,按规范的过程实施教学活动,了解问题解决过程中的流程、重心、方法,将使学生终生受益,更好地适应信息化社会中的实际工作。

3. 指导必须到位

教学实施的整个过程是达到预定的三维目标的整个过程,而不是单一学习信息科技知识以及掌握技能的过程。对于学生而言,能力是一种内化的方法,可以激发一整套资源来解决某种类型的问题情境的可能性。教学不仅可以帮助学生消化和吸收一系列知识,还可以让学生获得学习方法和态度,甚至学习和生活方式。在教学活动的设计中不仅要对信息科技知识和技能做必要说明和指导,还应该创设产生这一类问题的情境,以及解决问题的思维引导,也就是项目教学中要着重思维方法、探究能力、合作交流和行为规范的说明和引导。

在教学过程中,可以给出一些学习材料、日志表格和评价量规,这些都可以很好地引导学生在学习过程中规范自己的学习行为,有针对性地积累和巩固知识、技能,可以使学生在充分体验中学会如何开展学习。教师要对活动过程清晰描述,提供学生自主学习所需的学习支架(向导、问题、表格、流程图等),学生能按照规范的步骤和过程来自主解决问题。

另外用时间线管理活动各个环节,会促使学生在学习过程中整体规划时间,避免活动无序进行。教师以参加者的身份参与讨论,并提出一些关键问题,引导学生对学习过程进行一些思考,这样会让学生更深层次地体验学习活动的真谛,不局限于知识和技能的指导,更着重于思维方式、探究能力、合作交流、行为规范的指导。

4. 任务适度开放

在教学过程中,学生齐心协力、整齐划一固然重要,但学生千差万别的学习偏好和学习能力,会让一些有特殊需求和不同能力发展需要的学生受到制约。为学习困难和学习突出的学生预设一些不同的学习任务,分层设置活动内容、开放的管理模式,让不同层次的学生能够依据自己的兴趣和爱好,进行个性化学习任务的学习,从而促进学生多元发展。

5. 资源保证充分

因为教学环节的更多方面是要使学习活动以学生为管理中心,所以这必须为学生提供更多丰富多彩的教学资源,以便在分析问题时能够很好地记录学生的情况,在认识世界时用科学客观的理论作为基础,在解决问题时可以站在前人的肩膀上,从而为学生完成学习体验提供最大支持。活动是否具有可推广性和可操作性,很大程度与其提供的资源密切相关。贴近学生经验和生活的案例,既有助于学生对活动的理解,也有助于学生从身边的人、环境、信息中获取资源。有效的学习任务单有助于引导学生在活动各个环节的学习中有针对性地获取资源。丰富的资源包有利于学生在有限的时间内进行收集、筛选信息。

6. 评价贯穿始终

提供教学过程中的活动评价指标,或者引导学生自主制定和不断完善活动评价指标,这是教学的一个重要环节,可以对学生形成正确的价值导向,培养根据评价指标努力进取的精神,养成客观、公正地评价自己和他人的习惯,都具有非常重要的作用。评价要考查学生的操作技能以及信息素养,重视对学生情感态度与价值观形成的关注。在教学中引入过程性评价就是要将评价过程贯穿始终,起到引领、示范、管理、帮助调整、规范学习行为等积极促进作用。很多时候,在教学伊始便出示评价量规,让学生带着评价要求开展活动的学习,为学生规范学习行为、突出学习目标提供了明确的方向,起到了不错的评价作用,使得学习活动的开展有条不紊、方向明确。

7. 重视总结反思

活动过程中学生填写活动记录(日志)和利用量规评价的内容,引导学生就活动过程和学习成果总结得与失,关注他人和教师给予的评价和反馈,这样可以为接下来的学习活动提供更好的学习支持。适时适度的总结和反思,不但可以巩固已有学习成果,更为接下来的学习提供经验和方法。在项目教学中,学生和教师都会遇到各类意想不到的收获或者难题,这些获取和调整的总结和反思,会帮助师生由具体到一般、由感性到理性、由体验到理解,从而将学习过程升华,是学生真正提高能力、形成规范的过程。

四、单课教学设计的方法

实际课程是以课时为单位逐次进行的,所以单元教学的实施还要考虑每个课时的教学应该如何进行。首先,要考虑完成单元教学所需的课时数量,从而便于将单元教学的内容、任务及目标分摊到数次单课教学中。然后,明确在某次单课教学中应完成的教学任务及应体现的信息科技核心素养要素,并整理出课时教学设计。根据知识单元的教学设计,教师必须把握整个教学内容的组织,统整教学进度,不必刻意追求某一单课时的完整性。各单课时教学之间既要考虑知识的顺应、衔接,及时引导学生做知识回顾并为后续教学埋下伏笔,也要适时进行核心素养要素的引入及强化,通过把握各课时教学中核心素养要素的侧重点,逐渐实现单元整体培养目标。下面将探讨单课时教学设计的特点、过程和方法。

教学计划设计意味着教师要学习各种教育教学理论,在教学设计中可以根据教学对象的特点和教师本人的教学理念、教学风格以及运用系统的想法,本着遵循教学过程的基本规律,设计、安排与决策所有的单元教学活动。教学计划设计包括理念、开发和设计实际教学必须遵循的规则，用以促进学习目标和教学预期任务的达成。教学计划设计具有其自身的特点与规律，掌握这些特点与规律可以帮助教师合理地进行教学计划设计。

教学设计是为教学活动制定整体规划的过程，它明确了教学的方向和总体的过程，是师生互动教学活动过程的基础，对教学活动的过程和环节有重要的影响。所以，教师在设计教学计划时，要认真思考，细致规划教学计划，从而提高计划设计的合理性和可行性。

可以说，教学设计的基本方法是一种系统方法。这种系统方法是把目标放在系统当中，要求系统与要素、要素与要素之间进行相应的关联、相互的影响，达到准确地、全面地考察目标，能够形成较优处理、解决教学问题的一种方法。因而，教学设计的系统方法包括两个方面，一方面是需求分析和目标分析；另一方面是确认成功达到预期目标，两方面相互结合形成教学理念。

教学设计是理论与实践的统一。它带有一定基础理论的成分，也能清晰地指向教学的实践活动。教师设计好教学方案后，不论是分解教学目标，还是运用教学策略、分配教学时间，或是教学环境的调整，实际上都已经有了确立的安排和要求。这一系列的安排是高度可执行的，抽象的基础理论在这里成了实际的操作规范。其实，教学设计是一个教师学习的过程，教师在开展教学设计时，可以意识到自己对教学问题和解决方案的了解程度，而正是学习过程弥补了这一差距。

教学设计是教师的一项创造性工作。因而，创造是教学设计的重要特征，也是其主要表现。教师在独特情境的背景中表达要求，阐明潜在的对策，并根据经验合并或简化影响教学的设计要素。整个过程是直观化和创造性的。

教学设计是一项系统设计，必须依照一定的程序和步骤进行。完整的教学设计主要包括以下多个阶段：教学目标设计、教学起点设计、教学内容设计、教学方法和媒体设计、教学评价设计和教学结构设计。

1. 教学目标设计

教师在设计教学计划时，科学合理地确定教学目标是必须妥善处理的主要问题。因为教学目标是师生两方面积极主动的教学活动的准绳，它是衡量学科教学质量的标尺。制定具体的教学目标对教学方式具有关键性和制约性的作用。

对教学目标的理解片面化是教学设计中最易出现的问题之一，有些教师会更为关注学生掌握知识和技能的目标，从而在教学设计中过高地突出认知目标是否达成，而忽视其他过程与方法、情感态度价值观的目标。例如，有时设计教学内容时,比较少考虑知识技能与社会发展、日常生活相关的具体问题,或是比较少考虑对学生学习态度和学习方法的细致指导。随着我国从应试教育向学科育人转变,教师在教学设计过程中,要基于目标的选择确立学生信息素养发展的要求,要积极落实教学目标的多元化,而不仅限于学生在认知过程中应达到的知识目标,还须有学生在实践操作中要达到的能力目标,以及在能力、心理、素质等方面要达到的目标。

2. 教学起点设计

教师开展教学计划设计的先决条件是服务于学生学习的教学设计。因此,在教学设计中学情分析是非常重要的。学情分析通常包括两个方面的内容:一是学生的现状(知识、技能、能力、态度等);二是学生的特点。学习的需求就体现在学生的现状与目标情况的差异。立足学生需求开展教学环节设计,意味着教师要在开展某一学习活动前,详细分析学生起点行为。当学生学习成为一个个连续的阶段时,学生的学习起点也就体现在对达成新任务所需的重要的知识、智力和情感条件。因此,明确教学出发点的基本依据之一是学生的学习起点,而教学出发点的另一个基本依据是对学生特征的分析。教师需要对学生的以下特征进行关注:年龄、性别、认知能力、学习兴趣、学习期望、学习方式、学习背景、社会交往等。

3. 教学内容设计

优秀的教学计划设计需要教师通过系统而生动的方法,来组织学科教学内容,要厘清核心概念以及各层级概念之间的关系。一个科学的教学设计是可以引导学生对所学内容的本质顺序达成认识,可以帮助学生把握教学内容各部分与整体内容之间的联系,从而形成对所学学科知识内容的全面理解。

在教学过程中,教学内容主要来源于课程标准和教材内容。因此,教师设计教学内容的过程实质是一个教师钻研课程标准、教材内容、选择素材、组织教学内容的过程。通常来讲,课程标准和教材内容中的信息具有比较强的独立性,内容之间的内在层次联系不一定够。这就需要教师对教材的呈现内容进行加工处理,如果不进行序列化加工处理,学生可能没办法获得连续而详细的知识体系,这也会影响学生的逻辑思维、学习进度和学习主动性的发展。因此,教师在进行教学内容设计时,要充分加工、处理和序列化组合教学内容。教师应按照教学目标的要求,依据学生的学习水平,对学习材料进行复制和加工,适当选择、补充、调整,重新优化有助于教学目标达成的学习材料。此外,教师对选择好的教学内容也要序列化地组织和安排,让这些内容可以符合学科本身的逻辑序列，还可以适合学生认知能力发展的次序，进而将知识体系与学生的认知结构有机融合。

4. 教学方法和媒体设计

教学方法是与教学媒体有密切关系的。首先，教学方法一般需要教学媒体的配合，因此，教学方法有物质性的特点；其次，教学媒体的使用伴随着教学方法的使用。所以说，教学方法与教学媒体之间有紧密的关系，无论哪一方面使用不恰当都会影响教学效果。

教学方法是为达成教学的任务所选用的方法。教学方法既包括教的方法，也包括学的方法，它是教师引导学生能够更好地掌握知识与技能，使学生得到全面发展的方法。教师设计教学方法时，要关注如何能够让知识与技能可以更好地被理解，如何让情感和态度得以更好地培养。在教学方法设计时，不但需要思考如何教给学生既成事实的学科基本经验，还要考虑如何教学生获得这种经验的有效路径。在学习方法上，不但需要思考如何有针对性地指导学生获得事实性的知识和经验，还要考虑如何有针对性地指导学生进行知识建构，如何努力提高学生的学科知识结构，并不断调整和控制学生的学习情况。

教学媒体在教学设计中的意义具有广泛性，一般包含语言、文字、铅笔、黑板等传统媒体和现代电子媒体等类型。教师选择教学媒体时，需要综合考虑几个因素：第一方面是指学习情境的特征，例如在具体的学习情境中，教师所选的教学媒体是否有效果，是否容易使用，是否能够帮助学生学习或是支撑学生学习；第二方面是指媒体的物质属性，教学中不同媒体的物理特性是不一样的，教师要充分分析和利用媒体表现出来的沟通特性，例如，有些媒体对于视觉效果的表现效果非常好，但有些媒体实践效果却不太好；第三方面是指学习本身的特色，教师在选择教学媒体时，要充分分析和预估学生的学习结果。从这个方面来看，教师媒体之间的主要差异就可能取决于互动的质量。所以当学生学习技能时，如果可以对学生的正确或错误做出适当的反馈，就可以大大增强教学效果。那么当学生在学习有空间顺序或时空关系的一些概念或技能时，如果在教学时展示一些影像或图像，对学生理解空间顺序或时空关系则有帮助；第四方面是指学生的实际情况。教师在教学选择媒体时，要把学生始终置于中心，充分发挥学生的主动性和积极性。此外，学生的学习方式不同，适合他们学习的媒体也不同。

5. 教学评价设计

评价是教学效果检测和教学环节调整的关键手段。因此，明确评价策略和评价方法是教学设计的一个重要环节。教师在教学中，要围绕教学活动的全过程展开教学评价。在这过程中,评价的一个重要作用是验证教学目标是否能够有效达成,评价的另一个重要作用是指导教学。引导学生根据教学评价来审视自己的学习活动,并对后续的学习活动能够进行适当的调整。信息科技教育追求的真正教学价值,不是学生能力本身,而是要让学生的能力发生转变。所以,教学评价的对象要关注学生能力的转化过程,而不仅仅是学生能力的水平。教师在教学评价的设计过程中,还需要重视评价的时效性,要敏锐地把握评价时机,重视评价的全面性,体现学生学习各个方面的掌握,重视评价的多样性,多掌握一些不同形式的教学评价。

6. 教学结构设计

为了更好地实现一定的教学目标,就需要对教学的结构进行设计。教学结构是指基于时间和空间,对教学过程中的多种要素进行排列和组合,例如教学目标的确定、教学内容的组织和分析、教学方法和媒体的选择、教学评价的设计等,对这些教学要素进行排列和组合,最终都要回到具体的教学结构中去。因此,教学设计中必须对教学进行整体分配,例如教学过程有哪些环节,每个教学环节需要占用多少时间,如何有效使用教学媒体和教学方法开展教学等。这种对教学结构整体的分配,就要求教师在进行决策时,考虑结构的科学性、整体性、协调性。第一方面,要根据具体的教学目标、教学对象及教学内容,合理地分配好教学环节,确保教学各环节的任务和要求相互协调、相辅相成,同时还要考虑适当地分配各个教学环节的时间;第二方面,教师在设计教学环节时,要关注各教学环节的组织方式设计,例如用什么方式或手段能够引起学生的注意,用什么教学媒体可以更好地展示教学的内容等;第三方面,在组织教学过程时,还要考虑把教学结构作为一个整体,在整体上形成一个最佳的组合,以达到整体功能超过各部分功能之和。

案例3-4:初中《初识物联网》单元第3课时教学设计(案例提供者:上海市闵行区浦江第二中学　黄嘉伟)

单元定位

本单元教学内容主要包括传感器的作用、物联网与互联网结构的异同、主要物联网协议,以及简单物联网的搭建和典型物联网应用的特点等,选自第四学段"物联网与探究",教学时间为4课时。

物联网是继互联网之后的新一代信息基础设施,是推动大数据和人工智能等新一代信息技术应用发展和普及不可或缺的重要组成部分,物联网在日常生活中的应用越来越普及。本单元以"物联改造学校"为主题,从对教师、学生和家长调研得到的对学校智能化改进的意见，与学校"物联网"相结合，设定四个单元子主题。学习本单元，可以让学生感受到物联网已经进入到我们的生活，并改变了我们的生活，在认识物联网技术的同时感受信息系统对生活产生的影响。本单元从传感与识别出发，进一步认识信息传输，通过传感识别与信息传输引入物联网并探究物联网的控制与反馈，从学生已有的对智能的认识，深入到物联智能的认识，通过实际设计物联设备并搭建编程实现物联网，逐步从智能的范围中区分物联与一般智能的区别，从而能够灵活应用物联技术解决校园中的实际问题。

本单元主要围绕"数据""信息系统""信息社会"的逻辑主线展开，从"数据"来说，通过对物联网的设计与制作，着重解决数据的读取、发送、接收和使用。由传感与识别的信息获取、信息传输的信息传递，到物联网的简单数据应用直至控制与反馈的大数据处理。从"信息系统"来说，学生在本单元自己设计并通过搭建与编程，制作有具体功能的智能物联设备，有意识地合理设计与应用信息系统。从"信息社会"来说，了解身边的物联设备及其对重视网络虚拟身份的作用，有意识地保护个人隐私，进行安全防护。因此，本单元对于学科核心素养培养，着重于学生有意识地认识物联与有目的地使用物联出发。通过单元的学习，学生能够识别日常生活中的物联设备，并在遇到问题时，能够提出使用物联设备解决问题的方案。

单元课时安排

如图 3-1 所示。

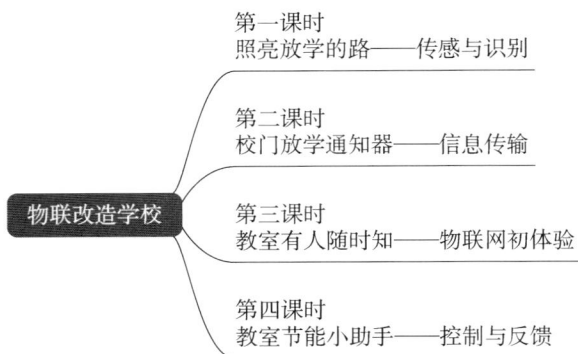

图 3-1 《初识物联网》单元课时

单元目标

坚持立德树人的课程价值观，以学生为中心，以解决现实问题为目的，深入探索物联网,感受物理世界与数字世界的关联,发展与提升学生的学科核心素养。

1. 通过在校园生活中发现问题、提取问题基本特征,对问题进行抽象、分解,组织、分析数据,构建自动化解决方案,了解物联网作为连接物理世界与数字世界的纽带与媒介作用;

2. 在分析实际校园的物联应用需求中,逐步了解物联网与互联网结构的异同和主要物联网协议,感受典型物联网应用的特点;

3. 根据物联需求的特点,能够设计并实现简单的物联信息系统,并通过物联网平台获取数据与信息,通过分析总结进一步学习和探究信息科技与其他相关学科的一些知识;

4. 在物联改造校园的过程中,初步理解万物互联给生活带来的便利,以理解物联网给信息社会带来的影响、机遇和挑战。

单元第3课时《教室有人随时知——物联网初体验》教学设计

1. 教学目标

(1)知识与技能。

① 知道物联网的基本概念与特征;

② 尝试实现简单物联;

③ 了解物联网的基本架构。

(2)过程与方法。

① 通过设计、构建简单物联方案,体会物联网的基本特点;

② 通过制作实现方案,验证物联设备的功能,形成对物联网的认识;

③ 通过升级方案理解物联网在生活中的应用。

(3)情感态度价值观。

① 增进对身边物联设备的理解,感受信息系统对生活的影响;

② 辨证地看待物联网对生活的影响。

2. 教学重点与学习难点

设计、构建、实现简单物联方案,体会物联网的基本特点。

3. 教学流程

如图3-2所示(见下页)。

4. 教学资源

教学课件、学生帮助文件、物联网实验套件、图形化编程程序、实验场景。

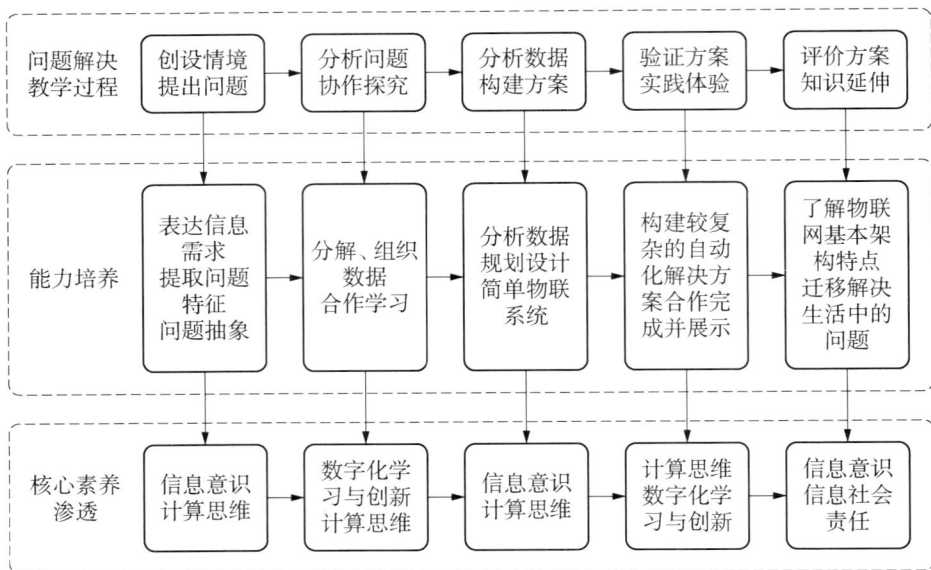

图 3-2 《初识物联网》单元第 3 课时教学流程

5. 教学过程

表 3-1 《初识物联网》单元第 3 课时教学过程

教学环节		教师活动	学生活动
创设情境提出问题	课前提要	回顾单元第一、二课时：设计感应路灯与放学通知器中学习过的传感器与通信方式。	回忆前两节课的内容。
	创设情境	播放视频：期中考试后，教师需要逐一检查教室是否清空，需要花费大量的时间，在保护各位同学隐私的前提下，有没有方法能够让教师在办公室中就能知道教室里是否有人呢？	观看视频。
	提出问题	能否准确描述教师想要的功能的需求？	思考并讨论教师需求所涉及的设备。
	引入课题	单元第三课时：《教室有人随时知——物联网初体验》。	
协作探究分析问题	分析功能	（1）设备组成：该设备由教室中的发射端、教师办公室接收端，通过某种通信方式组成。 （2）功能描述：发送端通过传感器获取信号，分析信号后，发送无线信号至接收端，接收端通过显示器进行反馈。	描述教室"有人随时知"的设备组成与功能。 完成实验单"需求分析"。

（续表）

教学环节		教师活动	学生活动
协分作析探问究题	协作探究	（1）选择发送端接收到的信号类型（声音、移动、触摸等）以及可能需要的传感器。 （2）分析接收端收到的信息类型与显示方式。 （3）选择发送信号的方式（有线、无线）。	结合经验分析能够知道教室有人的信息与使用的传感器。完成实验单"实验设计"。
	归纳小结	分析物联网的作用：使用传感器等，通过各类通信方式，实现人与物、物与物相连。	总结需求的同时提出物联概念。
分析建数方据案	选择设备	小组分工并选择传感器：在教师提供的传感器中根据设想选择传感器。	学生分组挑选传感器，并完成"教室有人随时知"设计方案。
	构建方案	根据选择的传感器，小组讨论完善设计方案。	完成实验单"组件与脚本"。
实验践证体方验案	实践体验	（1）组建硬件。 （2）代码编写：根据帮助文件，分角色将代码补充完整并烧录到物联网实验套件。	小组合作完成。硬件组装。软件编程。
	验证方案	组内测试：将设计制作好的"教室有人随时知"的传感器安装在模拟场景中。在演示中引导学生关注传感器与物品的结合，同时引导学生关注演示中的不足及如何改进。	根据帮助文件完成"教室有人随时知"功能并测试。完成实验单"组件与脚本"。
	归纳小结	（1）分析物联网设备的架构：感知层、网络层、应用层。 （2）分析学生设计的不足，总结物联网的特点：全面感知、可靠传递、智能应用。	结合制作与演示感受物联网的架构。
评价识方延案伸	知识应用	观看视频：物联生活回家篇。家庭物联网，回家时，家庭智能门锁通过指纹检测回家人员，并物联控制家中灯光、电饭煲与空调等设备开启，通过语音设备开启电视影院模式，物联至灯光关闭、氛围灯开启与窗帘关闭，有人按门铃，电影暂停，电子猫眼开启，变声回复等。	观看视频。思考生活中典型的物联网应用。
	方案升级	结合视频与物联网特点，讨论"教室有人随时知"的升级方案，例如：如何实现全面感知、可靠传递、智能应用？	小组讨论方案升级。完成实验单"方案升级"。
	延伸讨论	物联网有安全隐患吗？	辩证思考物联网的安全性。引出下节课物联网平台内容。

（续表）

教学环节		教师活动	学生活动
知识评价方案延伸	归纳总结	物联网的架构与特征： 物联网的架构　物联网的特征 物联网 → 感知层 → 全面感知 物联网 → 网络层 → 可靠传输 物联网 → 应用层 → 智能应用	总结思考。

案例解析

本单元以信息科技学科核心素养的养成为目标,在活动中渗透学科核心素养,整合物联网的知识与技能学习,从学校的物联改造出发,通过自己动手设计与制作具有数据采集、实时传输和简单控制的物联系统,体会物联网的简单设计及实现,感受利用物联网的相关知识解决实际问题。

学生在活动中经历"创设情境、提出问题—分析问题、协作探究—分析数据、构建方案—验证方案、实践体验—评价方案、拓展延伸"的实验过程,在实验进行中层层递进对学生的计算思维进行培养。

（1）创设情境、提出问题：课前回顾之前所学单元内容,将之前学习的知识唤醒激活,期望学生能够灵活地运用于解决本案例的问题。以物联改造学校为单元主题,本案例以教师在巡考后需要检查教室时的一个具体需求出发,向学生征集解决方案,开展物联网的学习。学生在教师提出的问题情境中,尝试描述情境的需求,提取问题的特征并将问题抽象,在锻炼表达信息需求能力的同时提升学生的思维能力。

（2）分析问题、协作探究：学生在分析教师的具体需求后,通过利用现有的知识,将大问题分解成若干小问题,案例中具体分解为"教室中获取是否有人的信息""信息通过某种方式传递""信息如何展现给教师"这三个问题,学生在分析问题时评估信息来源,结合之前学习到的传感器与有线无线通信的知识可以形成一个大概的物联解决方案。通过对问题的分析,学生可以了解物联的基本概念,初步理解物联终端的联动过程。

（3）分析数据、构建方案：通过学生分析问题中的信息类型,即获取教室中的声音、震动、触摸、移动等信息,提供学生各类传感器等设备,学生可以根据自己的需求构建具体的简单物联系统。学生小组协作、分工选取传感器,培养学生分析数据与合作设计问题解决方案的能力。

（4）验证方案、实践体验：以教室一角为模拟场地,学生通过搭建、编程组件、与具体的物品结合,实现简单物联,学生在此过程中会遇到与传感器、通信与应用相关的问题,提出并思考。分析学生方案,通过学生的方案总结物联网的基本架构。学生在这一过程中既需要通过动手组建硬件方案,又需要通过编程构建算法形成自动化解决方案,小组协作共同完成一项简单的物联,学生在此过程中深入了解物联网设备之间的联动过程,感受物联网架构组成,并在模拟场景中对小组设计的简易物联系统进行调试,实现"教室有人随时知"的各项功能,构建"物物互联"的知识结构。此外,讨论学生作品的升级方案,还可以帮助学生更好地理解物联的基本特征。

（5）评价方案、知识延伸：通过现有方案升级与展示生活中典型物联技术,学生观看生活中典型物联技术的视频后,对比自身的设计方案,从物联网的结构上讨论升级方案,灵活借鉴现有技术并应用到自己的设计中。接下来,教师拓展至"物联网是否安全?"的问题,增强学生的安全意识,同时提出将物联网平台引入至下一节课实验。

基于真实情境出发的物联网初体验,整个过程中以学生为中心,在物联改造的问题情境中,激发学生思维的主动性、创造的积极性,有效促进学科核心素养的提升,教师在教学中通过引导,没有将物联网的设计局限在固定设备上,学生可以通过各类设备排列组合,形成具有独立设计功能的不同设计。学生的计算思维在递进式解决问题中不断发展,其他学科核心素养也同步得到提升。

第三节　探讨与选用教学模式

教学模式是基于一定的教育思想、教育理论和学习理论的指导,对教学活动过程中的多个要素进行影响,以达成特定的教学目标。教学模式是在一定时空范围内形成的,并通过教学程序为其表现形式的一种教学实践活动结构,它是由多种具体的教学方法和教学手段组成的一个动态系统。

一、教学方法概述

通俗来说,教学方法是为完成教学目标,教师和学生在教学过程中,进行的有效教学活动达成教学任务的方法总称。套用这一定义，中小学信息科技学科的教学方法是指在教学中培养学生信息素养和开展教学任务的有效教学和互动活动方法的统称。它既包括教师的教学方法，也包括学生的学习方法。它是一种教学方法和学习方法的有效组合。

以上的定义描述，在一定程度上揭示了教学方法的三个基本属性。首先，教学方法必须是为开展教学任务，完成教学目标服务的。也就是说，教学方法要服务于教学目的，所有的教学方法都需要以完成一定的教学目的为前提，要不然教师就不可能进行有目的的教学活动。其次，教学方法是教师和学生共同开展教学活动所使用的方法，而不仅仅是教师单方面的工作方法。这就说明教学方法包括了教学方法和学习方法，而且教学方法与学习方法是紧密相关的。如果没有学生的学习行动，或者没有教师把教学转化为行为，都不能称之为教学方法。最后，教学方法的类型是多种多样的，每一种方法都有自己独特的作用。不存在适用所有教学情况的单一方法或"全面"方法。要帮助师生顺利实现教学的目标，需要采用多样化的教学方法。

在运用教学方法时，对于传统经典而仍具较强生命力的教学方法要注重传承和发扬。不要说到教育改革，就感觉只可以用新的教学方法。一线中小学信息科技教师，在教学实践活动中积累了大量的学科教学经验，对于现在还普遍使用和比较成功的教学方法仍可以做总结和推广。新的课程标准重新定义了教学目标和内容，也呼吁采用新的教学方法。基于以上原则，本节的重点是详细介绍五种教学方法，包括讲授教学法、任务驱动教学法、探究性教学法、问题解决教学法、项目教学法。

二、信息科技教学中的常用教学方法

1. 讲授教学法

讲授教学法是教师通过语言系统向学生描绘情境、描述客观事实、解释概念、论证基本原理和阐明规律的一种教学方法。虽然讲授教学法是一种传统的教学方法，但至今在中小学信息科技教学中还是具有普遍的使用价值。学生在刚开始学习信息科技的时候，对信息科技处于比较陌生的阶段，对信息科技的学习方式还没有完全掌握，因此，对于学生而言，要开展自我深入学习是比较困难的。这时，就需要教师采用一定的讲授方法，引领学生一步一步走进信息科技的学习殿堂，帮助学生搭建学习信息科技的脚手架。这些脚手架将会是学生终身学习信息科技的基础。教师讲授的质量会影响学生未来的学习。讲授教学法也特别适用于较复杂的问题、概念和基本原理较为系统、严谨的表述和讨论,表明事物的内部结构或联系。例如,在计算机软件硬件配置中内存和外存的教学中,要让学生明确计算机是从内存中获取信息,不能立即从外部获取信息。内存是用于临时存储信息内容的设备,如果关闭电源,存储的信息内容就会消失,所以需要永久保存的信息就要存储在外部存储器中。可见,为了更好地让学生打好信息科技的良好基础,教师的讲授就显得尤为关键。

教师讲解一定要具有科学性。信息科技学科教学中有许多概念。例如,计算机中信息编码的基本原理包括:进位计数制、数制转换、英文字符编码、汉字编码、声音编码、图像编码等基本概念。这些概念必须以教师的叙述和解释为基础,让学生正确理解和把握。讲解是教师有目的的、系统的对知识进行剖析和分析,以语言表达为媒体对教学的质量和效率具有非常关键的影响。

讲授教学法可以采用不同的形式,包括讲述、讲解、讲读、讲演等不同方法。在具体的信息科技的教学环节中,通常这些方法没办法完全分开。它们通常是交互着、结合着使用。但是,这些方法还是各有各的特点。

讲述:通常是指教师对学生描述客观事实材料,或勾勒出既定对象,帮助学生建立较为清晰的表象和概念,而且能对情绪进行一定的感染。一般来讲,这种方法比较多的用在描述发生的某个技术问题的历史背景,或是某个技术发明或发现的具体过程,或是技术发展过程中的人物传记等。比如学习计算机硬件知识时,教师可以详细介绍计算机硬件的发展历程,详细介绍我国计算机硬件的发展历程。

讲解:通常是指教师向学生解释、说明和论述学科的基本概念,这些概念包括基本原理、使用方法等方面。一般来讲,通过讲述不能清晰指出学科知识的内部结构或联系时,教师就可以采用讲解的方式。例如,在图形化编程教学时,教师就需要对程序设计的一些方法和规则进行细致的解释。

讲读:通常是指通过讲和读的相互交叉进行讲述。当然,还可以增加一些技能练习操作。所以,讲读不单单只是教师的讲和读,还可以有学生的讲、学生的读和学生的练习操作,它是一种将讲、读、练结合在一起的教学活动。

讲演:通常是指教师一方面向学生描述客观事实,另一方面还详细地和学生分析或讨论这些客观事实,并在此基础上和学生一起对客观事实形成一些科学的结论。讲演中一般对问题分析的比较广泛或深入,因此,教学所需要的时间也相对会较长。基于它的特点,当教师进行讲演时,一般要有分析、有归纳、有依据、有观点等。就像高中教师讲一些概念时,经常会对教材内容中的某些内容进行分析加论证,这种教学方式就可以称为讲演。高年段教学中常常会用到这种方法。

这些类型的教学方法都经常在教学中使用。选择这些较为传统的教学方法时，教师一定要考虑学生的听课习惯和听课方法，要让教师的指导作用和学生的主动性、积极性密切联系在一起。千万要避免只有教师在不断地讲，学生只是被动式地听，导致注入式的讲授产生。同时，在开展讲授教学时，教师可以尽量采用一些直观的方法配合教学，例如，借助一些设备或教学媒体，一边讲授一边演示操作，也可以让学生与教师一起互动，穿插在讲授的过程中，只有这样，讲授才能更有利于学生的学习和接受。例如，当遇到比较复杂的程序时，学生需要较多的思考时间和对逻辑思维内容进行深入理解，所以教师必须要考虑在进行系统化讲授的同时，穿插学生的自主尝试操作，这样才能让学生更好地理解。

讲授教学法的基本过程如下：

步骤一：组织教学。指教学前的各种预先准备阶段。这个阶段一般包括带领学生到机房（看具体的教学是否一定要在机房进行）、检查人数、稳定心态、检查课前为活动做的准备。其目的是从根本上带领学生进入学习情境，帮助学生提前对接下来的知识和技能的学习做好准备。

步骤二：导入新课。教师在开始新授课前，一般都会先复习前一节或几节课所学习的内容，有经验的教师还会专门复习与本节新课相关的内容，目的是让学生能够主动与新旧知识学习产生联系；或者可以制造一些情境悬念，提出一些既让学生感兴趣，又有一些启发性的问题，例如，设计贴近与学生日常生活相关的问题，可以激发学生学习的主动性；或者还可以直接说明新课学习的实际意义，例如，明确提出一个有难度、能引发学生思考的问题。从上课开始就抓住学生的兴趣，让他们在学习中创造一种期待和感兴趣的状态。

步骤三：讲授新课。这是教学过程中的一个重要部分。教师一方面要能突出重点、突破难点，帮助学生厘清思路；另一方面还要关注教学的趣味性，要加强师生之间的互动交流，确保少一些详细讲解。比如对菜单等知识的讲解，可以详细介绍很多比较典型的，而不是一一描述。

步骤四：巩固新课。这个环节一般采用课堂总结、提问、操作等方式，把在课内刚学习的新知识，通过当堂练习或活动，即时强化所学习的知识，加强巩固知识学习。对一些学生容易遗忘的技能知识，教师可多设计不同层次的操作或活动，让学生从不同的方面进行巩固和提高。

步骤五：布置作业。一般在课堂接近尾声时，教师都会布置一些作业或练习题，这个环节是课堂教学的最后阶段。因此，在这个环节，教师要尽可能地让学生对所学内容保持持续的学习兴趣和动力，引导学生能够积极主动地完成课后作业或活动,或者是对所学内容进行进一步的独立思考。

综上可以看出,在教学的不同阶段,讲授的教学目的和作用是不同的。在上课初始,讲授可以作为铺垫展开,给学生展示一个需要学习的知识情境,开阔学生学习的视野。在新课讲授阶段,讲授可以作为剖析释疑展开,促进学生对知识的理解,帮助学生茅塞顿开;在新课结束阶段,讲授可以作为总结和强化展开,帮助学生建构起知识的网络,有效达到巩固记忆的目的。

因此,教师在教学中使用讲授法时,要结合具体教学应用需求,综合考量教学内容、学生特点、教学环境等实际情况,辅以其他教学方法,例如探究式教学、问题解决教学等,合理使用,让讲授教学法这种接受学习法发挥其作用。

案例3-5:小学《鼠标的基本操作》教学片段

师:你们今天用的鼠标一般有两个按键和一个滚轮。从这个角度来说,位于鼠标左侧的按键称为"左键",位于鼠标右侧的按键称为"右键"。使用鼠标时,应该放松手指,让手指自然弯曲。下面老师以右手操作电脑鼠标为例,演示如何使用鼠标,首先我们可以轻轻地将食指和中指放在鼠标的左键和右键上,接下来我们将拇指放在鼠标的左侧,然后把无名指和小手指自然地放在鼠标右侧。这时手腕放平,手掌放轻。做好准备工作后,如果我们移动右手时,我们会发现鼠标指针也会同时移动。

请同学们模仿老师的动作,握好手中的鼠标,尝试以不同速度和不同方向,移动屏幕上的鼠标指针。同学们,你们能灵活地移动鼠标了吗?老师告诉大家两个小窍门:一是保持桌面宽敞平整;二是移动距离不够时,可以略微提起鼠标,调整好位置后再放下鼠标,继续移动。

(学生模仿鼠标移动操作)

同学们真棒!已经掌握了鼠标的移动操作。接下来,请同学们认真观看老师的动作,一起模仿老师的动作,学习更多的鼠标操作吧!

生:老师,我知道,这个操作叫作"单击"。就是用食指点击鼠标左键。点击的效果一般是选中图标、执行按钮命令,选择一个文件或文件夹名称、打开一个菜单或提示框。还有一种操作叫"双击",通过"双击"我们可以打开文件或执行程序。双击鼠标就是快速连续按两次鼠标左键。

师:只要同学们多加练习,就能熟练掌握鼠标的单击和双击操作。

生:还有一种鼠标的操作动作叫"拖动",拖动鼠标的动作就是按住鼠标左键不放,把鼠标移到另一个地方之后,松开鼠标左键。这样的操作就被称为拖动。拖动的作用一般是移动选中的目标。

师：这些操作大家都学会了吗？

生：老师，我有一个问题。我们的鼠标明明有左键和右键两个键，为什么刚才的操作都是左键，而没有右键的操作呢？

师：通常鼠标操作中左键的使用比较多，比如选中、拖动。但右键也是很有用的。鼠标右键的操作，动作要领和左键操作一样，区别在于使用右手中指而不是食指。请同学们再跟着老师，一起来练习一下用鼠标右键单击。大家要知道，鼠标右键的作用一般是打开快捷菜单。大家可以试着右击一下"计算机"这个图标，看看是不是有菜单显示？

同学们学会了这么多鼠标的操作，老师想考考大家，当我们看见鼠标指针形状变成以下形状时（出示PPT），计算机是在提示我们用哪种鼠标按键操作呢？

（学生回答）

师：同学们真会动脑筋。在今后的学习中，也要仔细观察，认真思考。

案例解析

小学生要上好信息科技课并不难，但对于刚接触计算机的学生来说，却似乎无从下手。因此，掌握鼠标按键简单、基本的实际操作，将是学习信息科技的突破口。如果简单的操作没有很好的掌握，就会对其学习信息科技产生负面影响。

教师在教学生鼠标操作的时候，一步步演示，让学生可以清楚地看到慢动作的全过程。由于有的学生几乎没有使用过鼠标，不知道怎么操作，也不知道实际操作中会出现什么实际效果。教师需要告诉学生如何从头开始，非常耐心地帮助学生走出困境。根据学生的自由练习，学生已经发现鼠标的点击可以用来选择图标，甚至可以打开程序，为接下来的学习打下了很好的基础。

2. 任务驱动教学法

任务驱动教学法实施的基础是要有可以激发学生学习兴趣、好奇心、具有挑战性的情境，要有与教学内容密切相关的任务为载体，让学生可以在完成任务的全过程中获得知识与技能的教学方法。因此，任务驱动教学法有两条主线，一是以呈现的任务为明线，二是以学生知识和技能培养为暗线，两条线交互，通过教师为主导、学生为行为主体的教学，达成学生根据完成的任务所必须掌握的教学目标。

信息科技学科具有自己独特的特点。从内容呈现上来看，信息科技学科的内容是由信息科技软件工具和各类编程语言组成的。因此，如果对信息科技学科的内涵与目标把握不到位，就可能把课上成软件类或语言类的介绍课或操作使用课。这样的话，信息科技学科学习的真正目的在哪里呢？以数据处理软件为例说明，数据处理软件的出现，是为了更好地提高数据输入、数据编辑、数据处理速度,提高数据处理的工作效率。从这个意义上讲,学习数据处理软件的目的并不是要掌握所有菜单栏的实际操作。最根本的是数据处理的各种基本原则和标准,例如在数据的整理方面,每个数据表格的标题、字体大小的应用、表格边框设置的合理性等。因此,中小学生无论使用什么数据处理软件,也不管十年或者二十年后用哪种数据处理软件,数据处理的基本原则和标准就是学生的知识和技能。

因此,在任务驱动教学法的实施过程中,合理制定暗线非常重要。暗线是指向教学的理论目标,软件工具的操作步骤只是操作性的目标。达成教学理论目标,让学生掌握操作技能的方法,这些方法会带到他们日后的学习和生活中。所以,在任务驱动教学过程中,教师要把学生学习的每一项技能有机地融于一些实际的应用任务中。学生在解决一个个任务的同时,也学习和掌握了一个个技能。在此过程中,学生不断产生完成任务的成就感,形成解决问题的自信心,同时对学习信息科技学科的兴趣也在不断加强。

任务承载了信息科技学科知识和基本技能,它是以学生通过学习、完成任务来掌握必要的知识和技能作为基础,对教学进行有效的组织,建立任务与具体生活或解决问题的关联。因此,任务要有实际意义,要能让学生在真实有趣的情境中开展学习。可以说,任务设计的好坏会直接影响信息科技教学效果,那么,如何保证设计一个好的任务呢?

(1)任务要创设利于学习的环境。

教师设计任务时,可以使用图像、图形、视频、声音、动画等多样的方式展示任务,让学生能够置身于教师为其定制的生活化、趣味化的情境中,促进良好的课堂教学氛围形成,有利于引起学生对信息科技学科的浓厚兴趣,促进学生积极开展学习活动和思考,有利于加深学生对难点内容的理解。

(2)任务可操作性要强。

信息技术学科是具有操作性和实践性特征的学科,师生活动大多数时间都是在计算机机房开展的,教师一般只需要集中讲解或演示一小段时间。所以教学任务设计的重心应该放在如何让学生能在体验中有效达成教学目标。在这过程中,无论是知识,还是技能,或是任务都是同等重要的。对于一些综合性的活动任务来说,任务完成的整个过程是最为重要的部分,所以,教师要把学生能力培养放在重要的地位,评价学生的关键指标可以设定为任务完成的表现和质量。

(3)任务的针对性要强。

教师在设计教学任务时,首先需要考虑学生认知接受程度的差异、已有认知水平等个人特点,一节课中,任务设计可以从简单任务到复杂任务,或者从浅层任务到深层任务,再或是由模仿性任务进阶到创造性任务。此外,教师在设计教师任务时,要从学生兴趣出发,可以针对不同的学生设计不同的任务,关注任务与生活问题解决的关系,从而让学生在任务完成的过程中提高信息素养。

（4）任务要贴近生活实际。

设计任务时要考虑让任务来源于学生的实际学习和生活,使任务具有一定的现实意义。而教师不能为了操练学生的技能,生编硬造任务,应该设计能够让学生熟悉、接近、理解的任务场景,只有这样,学生才会对贴近生活的任务更容易产生兴趣,有利于激发学生学习的主动性,激发他们的学习兴趣。在实际信息科技教学中,有些任务的结果不一定是唯一的,它会随着学生不同的尝试而改变。因此,教师设计任务时也要考虑适度的开放性,让学生在任务实践中有一定的自主发展空间,教师应鼓励学生充分发挥想象力进行作品创造。

（5）任务的暗线与明线相结合,促进学科问题解决。

任务驱动方式的两个因素是承载情境的明线和承载内容的暗线。任务的明线是最好有趣味性,而且能包含将要学习的知识和培养的能力。任务的暗线和明线结合在一起,不仅可以促进知识和技能的学习,还可以提高学生解决问题的效能,这是任务驱动方法的重点。

任务驱动教学法的实施关键是要明确任务,重要组成部分是驱动的方式。任务驱动教学法以提升基本技能和能力作为教学的重点目标。任务驱动教学法主要有以下几个过程：

（1）创设情境,提出任务。

教师在进行任务驱动教学时,要创设与学生生活实际相关的任务情境,用以激发学生的学习兴趣,增强主动参与的热情,从而使学生的计算思维得以发展,增强学生对任务的理解,确保学生能够学以致用。一般任务情境可以有多种形式,例如制作数字作品、设计问题解决的方案等形式,无论用哪种形式来设计任务,教师都要关注任务情境的真实性,也就是说,教师可以根据创设的情境提出需要完成的任务,帮助学生预估学习目标,明确任务评价的要求。

（2）共同讨论,分析任务。

明确提出任务后,教师并不要急于让学生进入任务的全过程,而是要与学生讨论和分析任务的要求,正确引导学生确定必须采用现有的什么技能,分析实现任务的途径、对策和方法。对于比较复杂的任务,教师还必须正确引导学生分解任务,明确达成任务的各个阶段和每个阶段的主要任务。在实施这个阶段的过程中,教师要根据任务的大小和开放程度,有时需要教师对学生进行必要的分组,组织学生以小组的形式进行协作和交流。必须说明的是,任务分析是否详细及时,任务完成的实际效果和质量会受到直接影响。

（3）思考交流,完成任务。

这个环节是整个任务驱动教学的关键学习过程。学生在这个环节中要通过独立思考、协作交流的方式来达成任务。教师在此环节中,要在学生需要的时候给予帮助和具体的指导。可以说,这个环节主要以教师为主导、学生为主体,教师可重点关注两点,一是教师要及时处理学生在任务完成过程中可能会遇到的问题,从多角度帮助学生分析与指导;二是留给学生思考,启发学生计算思维的发展,在任务完成过程中及时抓住学生思想的火花,鼓励学生大胆尝试,主动开展作品的创新实践。

（4）任务展示,总结提升。

学生完成任务之后,教师可以组织全班学生一起进行展示交流。在任务展示时,教师可以引导学生积极交流自己或小组的思路、作品、获得的知识和技能、任务完成的感受,指导学生相互评价,分析作品中存在的优点和不足,明确提出改进的建议和方法,鼓励学生在思考和评价中不断完善自己的作品,从而提升自己的学习能力。与此同时,教师要合理地引导学生总结和发现在完成任务的过程中是否有使用新的技术、新的思考等,这样的过程实际上是引导学生将新的知识和技能建构到现有的认知结构,使得任务完成的过程成为一个不断学习发展的过程。

总而言之,任务驱动教学法的应用需要教师关注学生认知能力的规律性,结合教学内容,教授学生如何以开放的方式获取知识,如何探索知识。开放平等的教学环境要求教师在学习中正确引导学生,而不是把枯燥的专业知识传授给学生。因此,在使用任务驱动教学法时,有三个方面需要关注,一是要处理好学生主体与教师主导之间的关系。教学不是教师的"一言堂",也不是"放羊式",而是教师开展有组织的教学,通过对学生的沟通解疑,及时提醒、点评、掌握学生的学习状况,重视学生计算思维和学习习惯的培养。二是要开展即时评价。评价是教学过程的一个重要环节。教师可以从多个维度指导学生,帮助学生发现同学的优势,反思自己的不足,把操作性技能与原理性技能有效结合在一起,提升学生技术应用的综合能力。三是给学生留下思考空间。当学生自动进入自我探索环节,学生遇到困难时,教师要给学生具体的指导,可以为学生搭建一些学习的支架,不过要注意有一定的分寸,要引而不发、要点到为止,给予学生时间和空间,充分相信学生解决问题的能力,鼓励学生主动思考,协同讨论,利用信息技术工具来有效处理遇到的问题。

案例 3-6：初中《计算机网络基础》教学过程（案例提供者上海师范大学康城实验学校张晶军）

1. 创设情境，提出任务

（1）互动提问：你用过网络吗？你经常使用网络做些什么事呢？

（2）揭示课题：《计算机网络——计算机网络基础》。计算机网络为我们提供了丰富的功能。实际上，把计算机网络的功能归类，也就只有两种基本功能：数据通信和资源共享。

【设计意图】从学生生活经验入手，以问题引导学生思考"什么是计算机网络"。

2. 共同讨论，分析任务

（1）了解任务：如何组建网络；

（2）思考：两台计算机之间如何连接？

（3）了解：组建两台计算机网络所需的工具。

【设计意图】通过活动体验引导学生理解语音识别就是将语音输入至计算机并最终反馈出需要信息的过程，并且知道语音识别的结果会因为外界因素的干扰而影响识别的准确性。

3. 思考交流，完成任务

（1）使用 ping 命令测试是否连通，各小组汇报测试情况；

（2）分析网络不通的原因。从硬件和软件方面分析，查看 IP 地址，发现访问了错误的 IP 地址；

（3）总结归纳：计算机网络的组成；计算机网络的定义。

【设计意图】引导学生分析连接计算机需要的工具，然后构建"组建两台计算机网络"的方案，根据《学习单》提供的相关信息，测试网络的连接。根据出现的问题，引导学生分析可能的原因，并尝试解决实际问题。

4. 任务展示，总结提升

（1）如果三台或者三台以上的计算机怎么连接呢？

（2）总结：

① 介绍连接设备；

② 了解并判断计算机网络的分类。

【设计意图】在组建两台电脑的基础上，思考更多设备的连接方案。根据场景判断网络的类型。

3. 探究性教学法

探究性教学法是指在教学中构建类似于科学实验的探究情境,让学生可以自主、独立地发现问题、提出问题。基于需要解决的问题,通过收集、处理、表达和交流等活动,从三维目标的角度得到发展。这种探究性教学有利于推动学生思维发展,培养学生创新意识、主动创新思维和自主实践能力。

因此,探究性教学法强调在教师有针对性的指导下,学生通过自主、探究、合作等学习方式,对教学内容中的重难知识点进行自主学习和协作探究。这种教学法可以较好地达成课标中有关认知目标与情感目标的要求。探究性教学法主要有以下五个教学过程。

(1) 创设情境。

探究性教学法一般是围绕学科中的某个知识点而展开教学。许多教师会把它与问题解决教学法混淆,其实两者是不同的,探究性教学法中的知识是由教师依据教学目标和教学进度确定的,并不是学生自己的选择,也不是来自社会生活中的实际问题。教师确定好教学的出发点(某个知识点)之后,可以选择问题、任务等形式,利用合适的教学手段,创设与此出发点相关的学习情境,教师在此过程中,要适当地指导学生参与目标知识点的学习与探究。

(2) 启发思考。

教师明确好学习的出发点后,要设计一些能够引起学生深层次思考的创造性问题,或是与学生实际密切相关的问题,这些问题设计是非常重要的,它可以将探究性教学导入深度,以促进学生带着这些问题开展探究。这个阶段在探究性教学中非常重要。关键点是要确认提出的问题是否有启发性,是否可以引发学生进行思考,这就是探究性教学是否能取得好的效果的关键。因此,探究性学习的问题必须要由教师明确提出。

(3) 自主(或小组)探究。

探究性教学法一般会使用自主、探究、合作的学习方法,因此,在探究性教学过程中,教师首先要关注学生的自主学习和探究,然后在此基础上可以开展一些小组合作活动。单课时的教学目标一般是通过学生的自主探究和小组合作学习来完成的。因此,可以说这个环节是探究性教学法的一个重要教学过程。

(4) 协作交流。

这一环节与上一个环节的自主探究有紧密的关系。因为学生经过认真的自主探究,才可能学会独立思考,才有可能在合作交流环节中进行高质量的思维活动。换句话说,必须在自主探究的基础上建立合作、沟通和交流,以便可以为学生提供思想、交流、见解和有效性共享的平台。在这个环节,教师要充分发挥组织、协调、引导作用。

（5）总结提高。

教师引导学生应对和总结问题，分析归纳学习成果，并能结合实际情况对当前知识点进行深化、迁移和提升。

中小学信息科技学科中的"自主探究学习"一般情况下是指在教师的引导下围绕一定的学习任务，通过开展积极主动的探讨和探究活动，从而发现问题、提出问题直至解决问题的学习过程。在此过程中，完成信息科技技能学习。信息科技学科作为一门工具性学科，在教学过程中采用自主探究学习的方式，对学生的能力培养有重要的意义。

✎ **案例3-7：高中《数据的压缩》教学过程（案例提供者：上海市七宝中学施红蕾）**···

表3-2　高中《数据的压缩》教学过程

教学环节	教师活动	学生活动	设计意图
创设情境	游戏：对以下文字内容进行"瘦身"挑战。 ① 高一年级导航主题：认识自我、探索人生 ② 高二年级导航主题：定位自我、确立目标 ③ 高三年级导航主题：提升自我、主动发展 课题：数据压缩。	思考、尝试。	头脑风暴； 启发思维； 明确课题。
启发思考1	计算机如何压缩文字？	思考。	通过压缩文字的探究实验，分析思考形成观点，了解数据压缩的作用，体会数据压缩的基本原理作用和无损压缩的特点； 从实验中感悟数据压缩的智慧。
自主探究1	实验1：《文字的压缩》 ① 明确实验目的和要求； ② 进行实验指导。	① 尝试实现压缩； ② 分析数据； ③ 形成观点。 提前完成的学生可尝试分层拓展实验。	
协作交流1	与学生一起分析实验，共同归纳出无损压缩的特点，形成对数据压缩作用的认识。	交流互动、修正并形成观点。	
	与学生一起讨论不同特点的文字压缩方法，共同推测数据压缩的基本原理。	讨论交流，推测感悟。	

（续表）

教学环节	教师活动	学生活动	设计意图
启发思考2	计算机如何压缩图像？	思考。	通过图像的压缩和对比，分析思考形成观点，体会数据压缩的基本原理以及有损压缩和无损压缩的区别；感悟数据压缩中的智慧。
自主探究2	实验2：《图像的压缩》 ① 明确实验目的和要求； ② 进行实验指导。	① 完成压缩/还原； ② 观察比较图像； ③ 分析数据； ④ 形成观点。 提前完成的学生可以进行分层拓展实验。	
协作交流2	与学生一起讨论实验过程，共同归纳和提炼无损压缩与有损压缩的差异及适用范围。	交流互动，修正并形成观点。	
	与学生互动推测 JPEG 格式的压缩特点，归纳、形成数据压缩的基本原理。	交流互动，聆听感悟。	
总结提高	构建结构：与学生一起回顾游戏和探究实验，串联活动中获得的知识，形成较为系统的数据压缩的知识结构； 知识拓展：还可以在哪些方面应用数据压缩？为什么还要继续发展数据压缩？ 课后作业：数据压缩的应用与发展趋势有哪些？写200字左右的感想。	形成数据压缩的知识结构；思考数据压缩的实际意义及未来如何发展。	完善知识结构；感受数据压缩的实际意义；激发和延续兴趣和思考。

4. 问题解决教学法

问题解决教学法是教师把学习放在更复杂、更有意义的问题情境中，让学生以小组合作学习的方式，共同处理复杂的、实际的或真实有效的问题。这些问题中隐含了学科知识学习，对于学生解决问题能力的形成、自主学习和终身学习的能力的培养有重要的作用。因此，问题解决教学法是以学生为中心，关注问题解决的一种教学方法。教学的整个过程都围绕着解决一个非良构问题而紧密地进行着。学生在问题解决过程中，在教师的协助下有分组、有合作，并以多种形式获取信息，制定解决问题的方案，展示表达问题解决的作品成果。

问题解决教学法中，问题是否有价值是决定教学能否有效达成的重要因素。因此，我们必须要明确有价值问题的基本特点：

（1）真实性。

问题的真实性是指教师要贴近学生的生活经验设计问题。让学生在真实的问题情境中开展学习,真实性主要考虑以下几点：第一,真实的问题能在学习内容和学生学习求知心理之间建立关联,让学生能够比较快的进入到与学习有关的问题情境中；第二,与学生的生活经验贴近的真问题,可以很好地激发学习动机,引导学生产生或保持学习兴趣；第三,知识学习的情境与学生生活中的知识应用的情境具有相似性,可以帮助学生对所学知识进行应用并产生迁移作用。

（2）复杂性。

复杂性是指站在学生的立场,不仅问题对学生有一定的难度,而且解决问题的方案和过程也有一定的难度。也就是说,只是通过简单过程获得的知识,不足以处理真实的问题,教师要指导学生在原有的认知基础上,帮助学生形成问题解决的方案。当然,问题的复杂程度和解决问题方案的难易程度,还是要尽量与学生生活中的问题的难易程度保持一致,以利于学生开展问题解决的学习。

（3）非良构问题。

建构主义学家根据知识的复杂性,把知识领域划分为良构和非良构知识。良构知识,一般是指某一知识相关的概念、原理和规律,这些知识相关的信息是按照一定的结构有层次地组织在一起的。而非良构知识是指在实际问题情境中使用良构知识时而产生知识,通常是指有关概念应用的知识。因此,非良构知识涉及得非常广。在学科教学中,但凡把学科知识运用到实际情境中,这类学科知识都具有一定的非良构特点。信息科技学科提倡在解决问题中提高学生信息素养。而在解决问题的过程中,通常不仅需要某一知识的概念或原理,还需要多个知识点的概念或原理进行综合学习来解决问题。一般来说,良构问题相对简单,而非良构问题的答案就相对复杂,也不一定唯一。通常非良构问题会有多种解决方案,或是没有标准的解决办法。

就拿信息科技的教学内容来说,信息技术的发展历史、因特网的基本类型、网络信息搜索专用工具的原理等,这些问题的大部分答案和整个解决过程很清楚,这可以算是良构问题。信息科技对每个人日常生活的影响、资源的来源、获取资源的方式、多媒体系统的采集和加工方式等,由于有多样性、复杂性的特点,可以认为是非良构问题。

虽然学生在问题解决教学法中是实施的主体,但是教师在此过程中的作用也是非常关键的。学生在解决问题的过程中,可能会遇到许多的问题或困难,例如怎么做出问题解决方案的假设,怎么设计探究活动,怎么对收集到的数据进行分析和加工,以及怎么制定问题解决的计划和设计学习活动。当这些问题的难度比较大的时候,学生已有的知识认知结构可能没有办法解决,所以教师必须要提前为学生学习提供一些支撑材料。此外,在学生解决问题的过程中,教师要善于观察、用心分析,发现学生存在的问题,并对问题进行有针对性地指导。问题解决教学法一般应包括以下几个过程。

(1)创设情境,提出问题。

教师创设教学情境时,要依据教学目的和教学内容,呈现情境的方法可以多种多样,如讲故事、播放视频、查看一段研究资料、查找网站等。如果涉及的情境相对比较复杂,教师还可以和学生一起对情境进行讨论。例如,它涉及的是什么方面的信息技术和信息技术工具?日常生活中什么时候遇到过这些情况?教师还可以引导学生分享对问题情境的想法,例如,学生可以用"我曾经遇到过类似的场景……""我看到过家长做……"等语言来展开讨论,从而帮助学生对问题情境进行深入地理解。另外,教师也可以对情境分析提出一些有针对性和指导性的问题,例如,这种情境发生在什么情况下?这种情境背后的本质是什么?如何解决情境中的问题?

(2)分析问题、分工协作。

进一步详细分析问题情境,并能与周围同学讨论自己对情境的理解,分析情境背后涉及的信息技术处理的难点问题本质。例如,分析电脑死机的原因是什么,是由于硬件配置不合理、软件使用不当,还是其他什么原因导致的。先要对问题情境分析,明确到底接下来需要探究什么内容。例如,班级内的一位学生认为可能是硬件配置不合理的原因,那么他接下来的探究任务将是:什么硬件配置会导致电脑死机?如果由于硬件配置导致计算机死机怎么办?教师所呈现的场景有没有这样的情况呢?有什么解决办法吗?当然,教师还可以将学生分成探究小组,以小组为单位对分解的问题进行进一步探究。此外,还可以对解决问题的具体步骤进行进一步探讨,例如,已经知道哪些信息?必须收集或学习哪些内容?如何了解或学习这些内容?在解决问题过程中还可以使用哪些资源?等等。在明确提出解决问题的设想、确定必须完成的任务、明确探究目标后,进行小组成员的职责分工。

(3)探究与解决问题。

探究与解决问题的过程是一系列从已有状态转化为新的目标状态所经历的操作。以上一环节讨论电脑死机问题为例,学生看到的状况是:开机后电脑黑屏,但听不到硬盘自检声,偶然能听到喇叭的声音。师生对看到状况的探究分析,可以是:如果是硬件配置接触不良,那么是否打开主机箱检查设备连接,电源插头和插卡是否松动,也可以考虑拔掉每个插卡重新插上等操作来尝试解决问题。分析好问题后,教师要引导学生思考,原有的知识是否能够解决问题,如果还不能够,还可以通过多种方式(上网查找、查阅教师提供的资料等)学习相关信息。当小组内的同学把已经学习到的资料进行分析、加工后,师生就可以一起评价与分析哪些资料可以帮助我们更好地解决问题，大家一起讨论并交流解决问题过程的思考和方案。最后还可以查看问题解决的效果如何，如果还没有完全解决问题，可以找到原因并再次尝试处理。

（4）展示结果、成果汇总。

展示的结果一般包括对小组学习或作品的建议，学生问题解决方案的合理性，或者学生简洁地介绍自己（或小组）解决问题过程中遇到的难点问题和解决办法。例如，小组的成员如何组织活动？如何分析和处理收集到的信息内容？如何根据收集到的信息分析问题，明确解决方案？通过展示环节，教师还可以进一步了解学生的想法、学生还没有成形的解决方案背后的原则、学生（小组）现阶段的进展或困惑，也可以请全班学生一起给展示的学生出谋划策，一起解决困惑。根据小组之间的沟通，在方法、过程和有效性方面相互支持和共享资源。建议学生使用多种方法展示主要成果，如文档、多媒体、动画、报告、程序设计等，也可以写简单的书面材料，如调查研究报告、解决方案报告等。

（5）评价、总结与反思。

这个环节中采用的评价方法要体现多样性，可以采用同伴互评、教师评价、自我评估等方式。评价的内容，可以是评价小组解决方案、小组合作情况、活动的进展情况，或者是小组成员表现等内容。评价的形式，可以是口头说明、书面展示、数字作品集、体验活动、测试等。评价时反思的关键在于引导学生对学习内容和学习过程进行深入的思考。例如，对学习内容的思考，可以引导学生展示时说"现在已经知道了什么""利用所学信息技术是如何完成任务的""我学到了什么信息技术或工具""我理解这个学科概念吗"等问题。再比如，对学习过程的思考，可以引导学生在展示时说"我的信息技术使用优点和缺点是什么""我的数字作品如何改进和提高"等问题。

上述过程不是一成不变的。在课堂教学中，教师可根据具体情况省略部分环节，以配合教学目的、教学内容、学生特点和教学计划。

案例3-8：初中《定制提醒机器人》单元第1课时教学过程（案例提供者：上海市民办文绮中学　谭阳英）

表3-3　初中《定制提醒机器人》单元第1课时教学过程

教学环节		教学过程	学生参与	设计意图
回顾引入	情境引入	小度音箱定时提醒体验。	小度智能音箱体验。	结合生活实际，情景引入，感受AI，激发学习兴趣。

（续表）

教学环节		教学过程	学生参与	设计意图
回顾引入	提出问题	播放前三课作品,机器人小绮已经会动会说了,接下来她还应有什么功能。	回顾项目教学,并讨论:要提醒爷爷吃药,应该怎么办?	明确现阶段作品功能。
整点提醒	分析需求	演示定时提醒爷爷吃药的实例,分析:爷爷需要在8点、14点、21点整点吃药。	学生讨论:按给定的整点时间分别提醒。	明确本课目标。
	分解问题	根据时间分别提醒,引导学生观察哪个模块与时间有关;如何做到区别。	1. 观察并找到侦测模块中的"当前时间的⋯"。 2. 在控制模块中找到"如果⋯那么"功能块。 3. 会用自然语言描述整点提醒,及其在程序中的实现方法。	在教师的引导下,了解解决问题的功能模块,引起学生学习这两个模块的兴趣。
		如何获取时间:"当前时间的⋯"其功能是读取操作系统的当前时间。		
		如何判断时间:"如果⋯那么"选择结构。		
	探究实践	就如何获取系统时间引发学生的尝试与实践。	学生自主尝试"当前时间的⋯"时、分等的使用。	"当前时间的⋯"时、分等单个使用较简单,学生试一试,就能理解。
		就如何判断时间引发学生尝试与实践。	观看"选择结构. wmv",使用控制模块的"如果⋯那么"的相关代码实现程序功能。	理解控制模块中选择功能块的相关代码的使用。
	调试运行	课堂巡视,收集生成性资源。	组建代码,调试运行程序。	解决程序运行中的问题。
阶段小结		归纳程序设计中解决问题的一般方法与策略。	展示个人阶段作品,交流作品制作过程中遇到的问题和解决办法。	对程序设计中功能开发的一般过程进行小结。
分钟提醒	分析需求	现实中,并非每次都是整点吃药,那如何做到按分钟提醒呢?如:早上8:30、晚上20:25等。	讨论:在原来整点的基础上加上分钟。	生活中,个性化的需求随处可见,产品的设计要适应个性化需求。
	分解问题	侦测模块中"当前时间的⋯"功能块"时""分"。	回顾观察"当前时间的⋯"功能块。	学生经历了"整点提醒"机器人的设计在教师的提示下能正确选用和理解所需的模块。
		如何同时显示"时"和"分",提示"运算"模块中的"连接⋯和⋯"。	学生观察,并了解其用法。	

（续表）

教学环节		教学过程	学生参与	设计意图
分钟提醒	探究实践	在原来整点提醒的基础上改进程序，设计精确到"分"的提醒机器人。	借助帮助文档，使用"当前时间的…"功能块"时""分"以及"运算"模块中的"连接…和…"等代码实现程序的功能。	在实践中理解相关模块的具体功能，学会其使用方法。
	调试运行	课堂巡视指导。	组建程序代码，调试运行程序。	解决程序运行中的问题。
对话交流	分析需求	当爷爷听到小绮提醒后，爷爷说话"谢谢小绮提醒"并显示（文字）。	明确新的需求。	说话是互动的，这样更贴近现实生活，也是交流的礼貌。
	分解问题	1. 角色"爷爷"要做什么。2. "爷爷"什么时候做。"事件"模块中广播功能。	1. "外观"模块"说…"。"声音"模块"播放声音…"；2. 谁发出广播、什么时候发出、谁接收广播。	理清事件发生的顺序，以便确定程序设计中具体的实现方法。
	探究实践	引导学生尝试使用"广播"代码。	借助微视频"广播功能.wmv"，自主实践在原程序中增加"广播…"和"接收广播…"等相关代码实现程序功能。	借助数字化资源完成新功能的学习。体验数字信息科技学习方法。
	调试运行	课堂巡视指导。	组建程序代码，调试运行程序。	
交流总结	评价交流	1. 组织交流作品，说说图形化编程中碰到的问题和解决办法；2. 现实中有些药是饭前半小时或饭后半小时吃，那么还能对提醒机器人做哪些改进。	1. 展示个人作品，说说设计过程中学习使用新模块的方法；2. 思考还有哪些提醒功能。	1. 感受用图形化编程工具解决实际问题的乐趣；2. 引出下节课课题"倒计时提醒机器人"。
	总结感悟	体验了程序设计的一般过程，以及利用数字化资源学习新技术的方法。人机交互并非遥不可及。		

案例解析

本单元主要利用教师提供的数字信息科技学习资源，采取自主探究、协作学习的方式来开展项目教学，完成不同版本提醒机器人的定制。

（1）创设数字信息科技学习情境，激发学生的问题意识。在单元活动的开始，播放一段视频，情境是爷爷年纪大了，老忘记吃药，小孙子打算给爷爷定制一款提醒机器人。引出情境问题：提醒机器人是用什么软件来实现的？提醒机器人又是怎么实现提醒功能？教师抛出一系列问题，意图是激发学生的问题意识，引发学生解决问题的好奇心和好胜心。

（2）提供数字信息科技学习体验，讨论构建程序设计的步骤。学生试玩几类机器人：聊天机器人、跳舞机器人、定时机器人、工作机器人。师生互动讨论：这些机器人有哪些基本的功能？如果是提醒机器人应具有哪些功能？对需求进行讨论分析，明确要解决的问题：提醒机器人应具备运动、说话、视觉、定时的功能。提出了解决设计提醒机器人的办法——分解完成各个功能的设计，即复杂问题分解成若干个简单问题。

（3）运用数字化工具和资源，创造性解决问题并形成个性化的创新作品。学生经过前六个课时的学习，对各模块在图形化编程中的作用有了一定的了解。学生根据帮助文件自主探究和扩展模块，创造性地设计了一款事务提醒机器人。

（4）注重知识讲解和动手实践并举。对于难以理解和抽象的知识点定义，如自变量、目录、程序结构等，可以结合学生的经验和感兴趣的话题，通过多个动手实践活动，在体验和活动中学习并理解知识。对于一些具有难度的知识点可以降级为多层次的小问题，逐步增加学生理解，实现学习目标。

5. 项目教学法

项目教学法是指教师合理选择和重组教学资源，学生通过实践体验、协作探究和学习创新，从而构建形成新的知识或技能网络结构，获得知识、技能、功能等综合发展。项目教学法关注运用知识，而不是传授知识，使学生从具体的学习中获得知识或技能，在遇到新的情境和问题时，能够主动将旧知转移到新知中，达到知识在学生脑中能够长期记忆的效果。

项目教学法和问题解决教学法既有联系也有区别。两者之间有很多相似之处。例如，它们都将学生置于真实的任务情境中，明确提出开放的任务或问题，以学生为管理中心，倡导小组合作学习的教学方式，激发学生的创新思维能力等。但两者之间存在差异，它们有不同的学习开展风格。项目教学法的出发点是最终产品或作品。在项目解决的整个过程中，学生必须解决一个或几个问题；而问题解决教学法的出发点是问题，通常问题解决是被设置在情境或实例中。在整个解决问题的过程中，学生可以在最后提出问题的解决方案，无须制作产品。

项目教学法与传统学习的区别，在于注重"以学生为主体、以教师为主导"的教学结构，以小组合作学习为管理中心，要求学生进行探究。项目教学法的基本步骤，可分为选择项目、制定计划、探究主题活动、制作作品、交流成果、活动评论。

（1）选定项目。

项目的选定是项目学习的第一个环节，也是非常重要的一个环节。教师选择项目可以从多个角度进行考虑。一是项目的趣味性，尽量选择与学生的实际生活相关的项目，这样可以较好地激发学生参与项目的兴趣和热情。二是项目的可操作性，项目的选择要基于学生当前的知识、经验和能力水平。三是项目要有一定的开放度，选择项目的整个过程可以是开放式的。首先教师可以明确提出一个或几个项目任务的想法，再和学生一起讨论确定最终的项目和任务。四是项目要体现一定的综合性，项目的选定一方面可以关注学科目标的达成，另一方面还可以与其他学科相融合，例如与自然、语文、艺术等学科做一些适度的整合，体现信息科技学科跨学科的理念。

（2）制定计划。

制定合理的计划，是保障项目成功的一个关键。通常，这个环节都是由项目的小组成员一起讨论而制定的，制定内容包含：项目学习的总体目标、小组内的分工、项目开展进度、作品制作设想等，师生对计划一起讨论、协商后可以开始实施。

（3）活动探究。

活动探究是项目教学的重要组成部分，它指向学生主体活动。活动探究的情境可以是真实情境，也可以是虚拟的网络情境。学生可以根据自己在小组中的活动任务开展深入探究，对于真实或虚拟情境时收集到的资料，提出明确的假设，然后再对已收集的材料进行分析和加工，在组内一起讨论解决方案。在学生活动探究的时候，教师要做好指导，在学生遇到困难的时候给予适当、适度的指导。

（4）作品制作。

各小组的成员在上一环节通过探究明确了项目的解决方案后，本环节的主要任务是制作作品，学生把学习过程中学习到的知识与技能运用于作品制作，这是项目活动与其他教学方法所不同的地方。学生项目活动作品的形式不限，可以是演示文稿作品、电子小报作品、视频、实物模型等，作品是为了让学生更好地表达自己对项目解决的理解，教师可以鼓励他们以多种方式表达。

（5）成果交流。

学生制作完成作品的过程，是一个经历学习与应用的过程。因此，对于学习经历的分享也是必要的。教师要尽量让所有的学生能够进行成果交流，例如可以进行小组间成果交流，交流制作作品中的技术应用经验和收获，促进小组间的沟通与交流；也可以请一些小组在全班进行交流，让学生在交流中进一步提升自己的知识和技能。成果交流也可以采用多样的形式，例如可以进行小组比赛、作品展览等。

（6）活动评价。

项目教学法的评价可以是定量评价与定性评价相结合，也可以形成性评价与总结性评价相结合，还可以自评与他评、自评与师评等方式相结合。通常，教师可以请学生先开展自我评价，然后再在组内进行互相评价，最后教师可以进行一定的检查指导性评价。项目教学法的评价重点可以从三方面着手：选择项目、活动探究、展示作品，关注项目的解决方案、项目计划的实施、合作学习、数字作品和报告等方面的实际效果，以更全面的方式评价学习过程和结果。评价前，师生应共同讨论评价方式及量规，然后在评价后讨论整个过程中出现的问题，正确引导和鼓励学生进一步学习。

以上基于项目教学法详细介绍了操作步骤。六个步骤不是一成不变的，教师还是要根据项目的实际、学生的实情、项目的进展等进行一些适当的调节。在项目教学中"先学好开展项目教学所需的技术，再开展项目教学；或是先进行项目教学，在进行项目教学中需要的时候再学技术"，对很多教师来说是一个很纠结的问题。有许多教师为了使项目教学顺利进行，都采取先教好技术后，再进行项目教学。其理由是：先学会技术，扫清了开展项目教学的障碍，使项目教学能很顺利地完成。而先开展项目教学，在进行项目教学中需要的时候再学技术。因学生不了解软件有哪些功能，为确定研究方向、制定项目教学计划带来了困难，并且课时数也多。最重要的是考试考到的技术和知识，很有可能在项目教学中用不到，也就不会去学，影响考试效果。

那么这两种方法的区别是什么呢？在生活工作中承接一个项目，总会碰到一些没有碰到过的东西。没有人会说先去学会没有碰到过的东西，再来承接这个项目。而都是先承接这个项目，再去学习没碰到过的东西、探究那些没碰到过的东西。所以从联系生活实际这方面说，前者是个"虚拟"的项目教学，而后者是生活工作中项目教学的较好模拟。这两种方法的教学目的也是不同的。前者的教学过程，由于预先扫清了开展项目教学的障碍，开展项目教学的难度较低。它的教学目标关注提高学生综合应用能力，是把"项目教学"作为综合应用的"练习题"。后者的教学方法开展项目教学的难度较大，它的教学目标除重视提高学生的综合应用能力外，更注重的是培养学生的探究能力和自学能力，以提高学生解决问题的能力。

案例3-9：小学《制作圣诞嘉年华邀请函》教学过程（案例提供者：上海市莘城学校　奚源）··

表3-4　小学《制作圣诞嘉年华邀请函》教学过程

教学环节	教学内容	学生活动	设计意图
选定项目	1. 情景导入：大队部正在征集圣诞嘉年华邀请函，让我们用信息技术制作一份圣诞邀请函吧！ 2. 引出课题：制作圣诞邀请函。	倾听。	创设问题情境，引出主题。
制定计划	1. 展示各种各样的邀请函； 2. 说说这些邀请函在形状上有什么不同？ 小结版面形状：横版和竖版 3. 说说邀请函包含了哪些内容？ 小结基本要素：主题、图片、时间、地点、活动介绍、活动流程表、作者信息等	观察和思考： 版面形状有何不同； 邀请函包含哪些要素？	引导学生对邀请函范例进行观察和思考。
活动探究	活动一：选一选 1. 打开桌面《规划邀请函》文件，挑选素材。 2. 请你说说选了哪些图片？为什么选这些图片？ 小结：要素齐全、图片与主题相关。	挑选合适的素材图片； 观察并思考选择素材图片的依据。	引导学生不仅要关注素材的完整性，还要考虑素材的合理性，提升思维品质。
作品制作	活动二：拼一拼 移动已挑选的素材，在作品区域拼成自己预想的邀请函。 小结：基本要素齐全、图片与主题相关、布局合理。 活动三：试一试 以小组为单位，探究Word界面的组成。 小结：添加类操作在插入菜单，文字修改类在开始菜单，页面设置类在页面布局菜单。	合理运用图片调整功能，移动素材，构思框架，拼出邀请函。 自主学习，总结Word界面组成的一般规律。	在了解Word软件界面组成的过程中，引导学生在遇到陌生的软件时，要善于观察和分析，总结出软件界面的一般规律。
成果交流	介绍制作邀请函的流程。以后不管是做小报和贺卡，都一样会做，步骤和方法是相通的。	思考设计的一般步骤。	了解设计的一般步骤，培养学生的信息素养。

案例解析

使用文字处理软件编辑文档，是对信息进行梳理、重组、加工的过程，以满足存储、交流、打印文档的需要。本单元的学习任务是：了解文字处理软件的特点，讨论它的用途；通过观察、尝试、归纳、迁移，体验文字处理软件界面的规律和常用功能的操作方法；使用文字处理软件完成文档编辑任务。在此过程中，积累学习软件的方法，有意识地探索软件的用途，感受使用信息技术处理信息的便利性。在处理信息时，养成版权意识，规范地引用信息。以往文字处理的第一课时一般是先认识软件图标，然后认识软件界面，再去学习具体的操作，学生不是特别深刻。本单元的构想是先让学生去玩一玩，拼出一个简单的邀请函，让学生能看到整个项目活动的目标，原来可以做出这么好看的邀请函。激起学生兴趣之后再引出用到的软件是文字处理软件文档，再让学生自己去探究本项目活动会用到的部分操作具体在界面的哪个位置。如此设计的目的是希望学生能尝试带着需求去摸索一个陌生的软件，加深对软件界面布局的认识，意在让学生在活动中获得实践智慧，也能在今后的学习和生活中遇到其他陌生的软件时能学会观察和总结。

三、课堂教学模式的综合应用

教学模式在教学活动中很重要，它决定着教学的组织形式、活动形式、教学软件的构成、教学管理方式等。教学模式既是专家在实践经验的基础上，通过一定概括提升为理论的半成品，又是专家根据一些理论提出假设，同时给出的一些实施条件和操作路径，使教学模式具有教学指导的作用。因此，教学模式可以帮助教师理解和讨论教学过程中的各个要素与一般的表现形式之间的关系，可以帮助教师动态掌握教学活动本质和规律，从而避免学科教育理论和教学实践严重脱节的现象。

新课改背景下，对信息科技学科教学提出了一系列新的要求，主要体现在学科目标是要形成和提高学生的学科核心素养，要为学生在信息科技学习平台上的开展学习创造条件，要为学生构建有利于自主学习的环境，要积极与学生进行互动，师生共同成长和发展。要关心不同学生的个体差异，帮助不同学生在学习过程中学有所得。此外，一方面还要改变学生原有的学习方式，帮助学生开展自主学习、探究学习；另一方面必须综合运用和教授各种教学方法，走教学模式综合化的道路。

在使用教学模式开展教学的过程中，教师要从"有模之术"转变为"无模之境"。可以供教师们使用的教学模式有很多，这些教学模式是可以根据需要进行选择、组合和变换的。教学模式选用的重要依据是教学目标、学校和学生实际层次以及信息科技学科的特点，教师合理组合，创造适合自身特点的课堂教学模式。

（1）依据学生与班级特点。

无论采用哪种教学模式，教学都要面向全体学生，要给每位学生一定的时间和空间，发挥学生的学习与发展潜力。当然，不同年段学生的心理特点对教师选择教学模式有不同的要求，哪怕是同一种教学模式对不同班级的学生也会提出不同层次的要求。因此，选择教学模式的重要考量点就是要依据学生的身心发展的特点。

教师教学的目的是为了学生能够更好地开展学习，所以教学模式还要结合学生的现有学习基础和个性特点。例如，有些学生理性思维能力比较强，只要教师一讲，学生就可以理解，所以不需要用讲解的方法进行练习；有些学生缺乏基本的理性知识，必须使用解释方法。例如，在一些地方，很多一年级学生在上信息科技课之前都接触过电脑并登录过互联网，因此教师不需要花很多时间解释什么叫显示屏或是主机等，教师可以要把教学的重点放在计算机的原理方面。另外，教师在选择教学模式的时候，还需要考虑学生能否快速适应新的教学方式，因此，教师需要让学生能有一个适应的过程。例如，有的教师通常采用注入式教学方式，而学生对这种教学方式也习以为常。教师一旦选择了启发式和探究式等教学模式，就需要考虑学生能否适应这种教学模式。使用启发式教学法，必须先要有意识地培养学生学会独立思考问题的习惯和能力，不然的话，即使创设了同样的学习情境，也可能因学生思考问题能力不同而受挫。例如，教师在教学电子邮件时，一般会用学生的日常生活案例，从普通邮件到加急快递，进行教学情境的创设和过程的启发，然后详细介绍电子邮件的传输速度较快，几秒内就可以收到电子邮件。假如偏远地区的学生从没接触过网络或电子邮件，并且不知道电子邮件是什么，当他们听到几秒钟内可以收到电子邮件时，他们会感到惊讶，并且会产生亲自尝试的意愿。毫无疑问，这样的教学方法是可以成功的。但是，如果学生已经掌握了电子邮件使用是什么，例如，一些地方的学生可能对电子邮件使用并不陌生，这种时候，这种导入方式就不能产生预期的吸引学生的效果。

（2）依据学科特点和教学内容。

要正确认识信息科技学科的特点和性质，教师必须从学习课程标准和研读教材的内容入手，了解和理解课程标准的特点以及选择相应教材的内容，这样才能够有针对性地选择教学方法进行教学。信息科技学科是一门典型的工具性学科，它要求学生能够掌握和使用信息科技来解决学习和生活中遇到的问题。所以，教师在实际的教学设计中要充分关注实践和体验。此外，实践通常与挑战密切相关,假如教师设计的活动无法吸引学生的兴趣,那么教学效果也可能不佳。假如可以激发起学生学习的兴趣,那么教学效果也可能事半功倍。例如,有关"计算机软件组成与原理"的学习内容,主要是一些知识性的材料,因此,教师教学可以采用讲授法、演示法即可;部分系统软件的应用涉及专业技能,需选讲授、演示,与实际操作紧密结合;算法和程序设计的教学内容,因为涉及的知识面广、难度也较高,教师应考虑综合运用任务驱动、小组合作学习、情境教学等多种方式开展教学。

（3）依据教学目标。

不同的教学模式是为达成特定的教学目标而进行服务的,因而不同的教学目标对于教学模式选用有着不同的需求。新课程背景下,信息科技教师要让每一位学生都能被重视、关注和理解,要有效实现培养学生信息素养的总目标。当然,具体到每一个年段、每一个教学单元、每一节课中,都会分层展开总目标,因此具体到每一节课,教学的目标都是不一样的,教师先要根据教学的具体内容与要求来设定教学目标,再根据教学目标选用适合的教学方法。例如,讲授式教学方法对学生掌握新的知识更合理,操作式教学方法对学生掌握技能更合理。例如,对于资源管理器管理的教学内容,通常教学目标可以设定为学生能熟练使用资源管理器,教学目标就有操作性的要求,那就不能单单使用讲授演示法,虽然讲授演示法能帮助学生较快速地掌握新的技能,但从熟练完成技能的角度来看,光讲不练,采用讲授演示法是无法帮助教师完成这个教学目标的。所以,教师还要选择实践的方式,注重技能的培养,以完成特定的教学目标。

（4）依据教学特长。

不同教师的教学素养各有不同。有些教师善于语言表达、教学幽默,具有较强的教学感染能力;有些教师注重洞察力,具有深入的逻辑思维启发;有些教师喜欢创新,善于运用各种教学手段等。这样的教学模式毕竟是要靠教师自己去掌握应用。每个人都有自己的优点和缺点。有些模式对其他教师来说易于上手,但自己用起来可能比较难驾驭。同样,对于有些教师来说比较难操作的教学模式,自己却可能比较轻松达成。因此,对于教学模式的选择和应用应根据自身具体情况,取长补短,加以利用。选择教学模式一定要考虑自己的教学素养现状,不能一味追求新的模式。虽然有些教学模式较好,但教师如果还不具备必要的教学素养,他可能没有办法很好的驾驭,那么这种模式在教学实践活动中不会充分发挥它的功能。这就是为什么有些教师在观看优秀教师的优秀教学案例并效仿他们之后,自己没有办法达到预期目标的原因。简单模仿是不能成为一位优秀教师的,教师还是应该依据自身特点选择适合的教学方法。

通常,如果想在教学中充分发挥各种教学方法的作用,则必须创新使用和综合应用,并不能以机械方式复制或固定不变,更不用说一成不变了,更不要把教学方式强加于教师。如果教师的教学不活跃、不生动、不愉快,学生的学习就不太可能活跃、生动、愉快。这就要求教师不断提升意识,提高学科教学素养,提高教育教学能力,积极主动融入学科教育改革。根据教学实践活动,尝试选择实用有效的教学方法,形成具有个人风格的教学方法。

案例 3‑10:初中《计算机系统组成》单元教学片段(案例提供者:上海市罗阳中学 蔡一慰)

【单元课时和安排】

通过对本单元知识结构(图 3‑3)以概念进行重构整合,从学生对概念学习的认知角度考虑,因此将"计算机系统"单元划分为总共 4 个课时,分别为:

第 1 课时:揭秘——计算机硬件系统

第 2 课时:探秘——计算机性能指标

第 3 课时:认识——计算机软件系统

第 4 课时:体验——图形界面软件

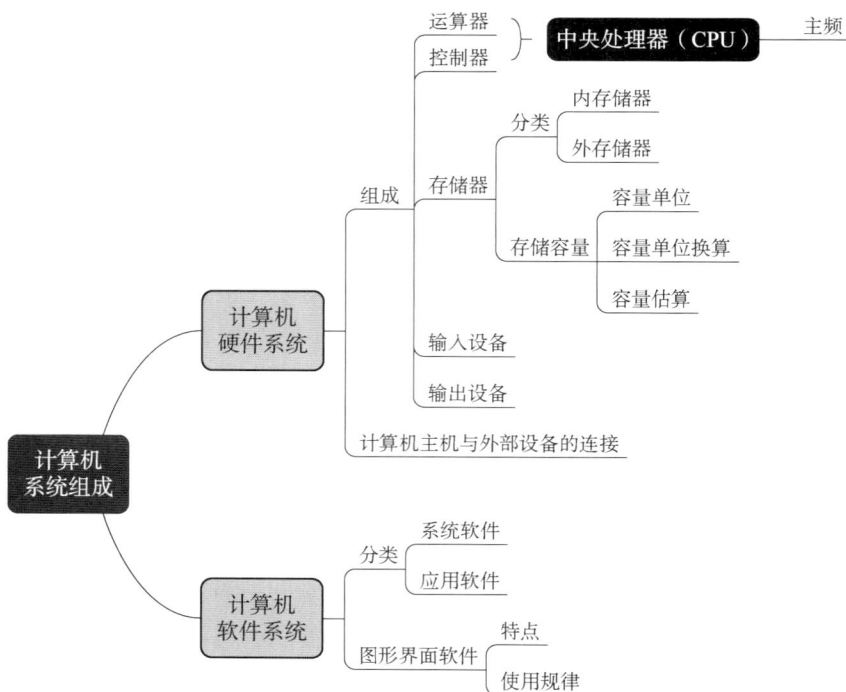

图 3‑3 《计算机系统组成》单元知识结构

【单课时活动设计】

第 1 课时：揭秘——计算机硬件系统

活动一：认识计算机硬件。

活动目标：识别常用计算机硬件设备，说明硬件与五大逻辑部件的对应关系。

任务一：

(1)（小组合作）讨论完成硬件小谜语学习单；

(2) 结合学习单线索，观察计算机主机内部，识别出中央处理器、硬盘、内存条；

(3) 分享活动成果，交流识别出的硬件及其功能。

学生熟悉常见外部设备如：键盘、鼠标、显示器、音箱等设备，但对于主机内部如：硬盘、内存条、中央处理器等设备了解不多。将计算机常见硬件设备编写成谜语，学生通过仔细阅读谜语线索，结合生活经验或主机内部实物辨识硬件。借助猜谜活动，提升学生对于陌生知识的学习兴趣，也让学生对主机内部硬件从外观和功能上有基本的认识和了解。再请学生通过小组合作的形式，开展知识共享，共同完成猜谜活动。

任务二：

(1) 根据功能将"硬件小谜语"上的硬件分类，梳理归纳出五大逻辑部件；

(2) 头脑风暴，将其余计算机硬件与五大逻辑部件对应。

学生对于硬件五大逻辑部件几乎是一无所知的，因此概念的形成应当结合生活经验以及前面识别常用硬件及功能来进行。结合猜谜活动，从硬件的功能上来进行分析、归纳出五大逻辑部件是比较合理的。在此活动中可以让学生再一次阅读谜语，寻找谜面中的关键字，结合生活经验来说一说如何分类。组织学生交流功能分类结果，归纳出五大逻辑部件。

活动二：连接计算机主机与常用外部设备。

活动目标：识别计算机主机与常用外部设备的接口。

任务：

(1) 仔细观察主机背部面板接口与鼠标、键盘、网线、音箱以及显示器的接口；

(2)（小组合作）尝试把它们连接起来；

(3) 分享连接接口时的经验。

学生动手用实物进行连接，帮助建立从理论知识到动手实践不同角度的计算机硬件认知。连接的过程也能解决生活中容易出现的一些常见问题，例如接口怎么插(颜色、方向、标识等等)。

第 2 课时：探秘——计算机性能指标

活动一：认识计算机硬件主要性能指标。

活动目标：识别计算机硬件常见性能指标。

任务：

(1) 根据学习单指引,右键"此电脑"–"属性"；

(2) 查看有关计算机的基本信息,阅读观察中央处理器与内存对应性能指标；

(3) 打开"计算机"–右键"C 盘"–"属性"；

(4) 查看 C 盘属性,观察"C 盘"容量、已用空间、可用空间。

借助操作指引,引导学生观察认识计算机硬件主要性能指标,在此过程中培养学生阅读提炼信息的能力。此活动为后续学生学习计算机性能指标做知识铺垫。

活动二：根据需求,选择存储容量合适的存储器。

活动目标：掌握存储容量的单位及其换算。

任务一：

(1) 打开"学案"–"英文. txt"和"中文. txt"；

(2) 查看文档内容及文件大小；

(3) 描述存储容量与中、英文编码的关系；

(4) 打开"存储容量估算. docx"–"属性",观察文件大小,估算出 Word 中大约字数,打开文档–"审阅"–"字数统计",核对是否估算正确。

对于存储容量大小的概念学生没有直观感受,不便于后续基本单位及换算学习的展开。因此通过操作实验,为学生搭建认知的脚手架,建立存储容量与中英文之间的关系。借助估算文本文档的字数,来理解存储容量大小。

任务二：

(1) 学习"存储容量"微课；

(2) 说一说存储容量的基本单位及其换算关系；

(3) 完成"帮文件找家"小任务。

学习微课后,学生能够对存储容量基本单位及换算关系有一定认识。组织学生在理清思路后说一说,通过模拟情景任务,开展换算存储容量的实践,尝试解决实际生活中文件存放的问题。

第 3 课时：认识——计算机软件系统

活动一：认识计算机软件。

活动目标：复述计算机软件的概念。

任务：

(1) 打开"学案"文件夹-执行"小程序. bat"，观察执行结果；

(2) 右键"小程序. bat"-打开方式"记事本"；

(3) 阅读"小程序. bat"中代码，思考其含义；

(4) 交流什么是计算机软件。

软件背后的代码不可见，使得学生对于软件的认识总是出现一些偏差。借助查看 bat 程序的方式，让学生能够直面程序、软件背后的代码，从而对软件概念有清晰的认识。

活动二：调整文本和图标大小。

活动目标：掌握常用操作系统的基本操作。

任务：

(1) 打开"设置"，观察 Windows 设置；

(2) 点击"系统"-"显示"-"更改文本、应用等项目的大小"；

(3) 将数值调整为"125%"。

学生对于操作系统的设置比较生疏，通过活动体验如何设置操作系统中文本和图标的大小，从而迁移到其他的操作系统设置也可以进行操作。

活动三：应用软件的安装与卸载。

活动目标：掌握 Windows 操作系统中应用软件的安装与卸载。

任务：

(1) 打开"学案"文件夹-执行"美图. exe"；

(2) 观察"美图"安装过程，注意勾选信息的阅读；

(3) 右键"美图"-"打开文件所在的位置"，观察软件文件夹；

(4) 打开"设置"-"应用"-选中"美图"-卸载。

在教学中经常发现，有学生误将桌面上的快捷方式复制或删除，误认为这样就安装或卸载了软件。也有学生安装了某款软件后，桌面上多了许多其他的图标。这种行为暴露了学生没有掌握基本的软件操作，对软件本身的认识也不足。通过实践操作，帮助学生体验整个软件安装的过程。以"打开文件所在的位置"的方式找到软件安装的文件夹，让学生看到软件不只是桌面上的一个图标。

第4课时：体验——图形界面软件

活动一：认识图形化界面软件。

活动目标：描述图形化界面软件的特点。

任务：

（1）打开"学案"文件夹-在地址栏输入"cmd"；

（2）在命令行界面输入"md 命令行"，观察"学案"文件夹是否出现对应文件夹；

（3）在命令行界面输入"cd 命令行"，观察命令行界面提示；

（4）右键"新建"—"文件夹"—重命名"图形化"，双击进入文件夹；

（5）讨论交流两个界面软件操作的不同，说一说感受。

学生对于命令行界面几乎没有接触，通过活动让学生通过比较操作方式、界面显示等差异，能够有一个切身的感受，从而对图形化界面有基本的认识。通过比较命令行界面与图形化界面软件，体会两者的不同，感悟图形化界面软件的优势。

活动二：比较图形界面软件。

活动目标：掌握图形界面软件的一般使用规律。

任务：

（1）（邻座同学）分别打开"画图""Word""金山演示"的界面；

（2）找一找三种图形界面软件中的要素要素（功能、图标、界面）的相同和不同之处；

（3）交流图形界面软件一般使用规律。

对于工具按钮、图标、菜单、窗口等软件要素，学生并不陌生。但在实际使用软件的过程中，对于软件的使用规律缺少归纳理解。因此在学习一个软件后很难将这种能力迁移到其他软件的使用上去。运用合作学习的方式促进学生对图形界面软件的探究，通过对比、讨论、交流、归纳建构了对图形界面软件的认识过程，从而能有效归纳出其一般使用规律。

案例解析

"计算机系统组成"是学习和使用信息技术的基础单元。本单元学习的重点旨在学习计算机系统的基本概念，通过学习有助于学生了解计算机系统的各个组成部分，学习软件和硬件系统之后，可以将两部分系统有机结合起来，形成对计算机系统的完整概念。对于计算机硬件系统的学习，可以在观察计算机硬件的外观特征和标识的基础上，思考硬件的功能并尝试分类，认识计算机硬件的基本结构，体会计算机硬件及常用外部设备在学习生活中的应用。学习计算机软件系统可以在观察、体验常用操作系统的基础上，思考归纳出计算机软件及其分类，掌握常用操作系统的基本操作。在观察、操作和对比常用软件的基础上，归纳图形界面软件的一般使用方法和规律。学习本单元后能够对软硬件的发展和现状有一定了解，对于后续人机交互的学习也起到知识铺垫的作用。

初中学生对于计算机充满好奇,能够识别一些常见的计算机外部设备,使用一些常见的软件。但这些分散的知识点与能力间缺乏实际的联系,因此难以开展对计算机系统整体性及原理上的认知与思考。关于计算机硬件系统存在一些问题如学生对于计算机主机内部结构认识不是很清晰,平时接触少,缺少相关生活经验。只有极少部分学生能够说出中央处理器、内存、硬盘等主机内部硬件设备,对于它们的功能作用认知更多是片面或者错误的,也谈不上归纳出五大逻辑部件及性能指标等更进一步知识的了解。关于计算机软件系统:初中学生对于软件的认知水平停留在应用层面,没办法描述软件是什么,没办法区分系统软件和应用软件。对于软件的安装与卸载操作也不甚了解,相当一部分学生误认为将快捷方式删除就是将软件卸载。缺少学习图形化界面软件后迁移到使用其他图形界面软件的能力。

学习"计算机系统组成"单元有助于帮助学生一探计算机系统,从而揭开其神秘面纱。"计算机系统组成"单元主要由计算机硬、软件系统的概念组成,因而本单元的教学重点是掌握这些概念。学生通过学习可以认识计算机硬件的基本结构,理解计算机软件及其分类,掌握常用软件的基本操作,能够构建起较为完整的计算机系统知识结构,进一步加深对计算机信息处理过程的理解。本单元教学可以采用多形式的学习活动,层层递进激发学生学习兴趣,让学生在感知认识、归纳提炼、理解应用、形成结构四个环节,体验概念形成的过程。

1. 概念具象化,感知认识概念

概念的形成是具象到抽象的一个过程。在计算机系统单元中有许多概念十分抽象不利于学生理解。通过游戏、类比、举例等具象的方式,将抽象的概念与学生的生活经验联系起来,帮助学生在体验活动中思考、了解相关概念的含义及其功能,更加符合概念学习的规律。

2. 头脑风暴,归纳提炼概念

概念的建构一定是学生主动参与的。计算机系统单元核心、重要概念居多,在教学中应当注重学生思维的广度和深度。可以开展交流、讨论、辩论、质疑等形式的头脑风暴,以事实性知识为依托,让学生经历推测、总结、归纳而形成学生自己的概念,有益于激发概念的形成,概念提炼更为全面,从而深化对概念的理解。

3. 实践体验,理解应用概念

概念的学习离不开内化与运用,通过真实的情景任务既能够提升概念学习的兴趣,又丰富课堂实践体验。学生在实践体验不同的活动中,就是思考解决一个又一个问题的过程。在学习解决实际问题的方法与手段的同时，促进了概念的深入理解和应用。

4. 绘制概念图，形成概念结构

将所学概念以概念图的方式绘制出来，可以帮助学生把新旧知识密切联系在一起，这是一个学生主动建构知识的过程。绘制概念图既可以让学生了解计算机系统有关的知识结构，又可以让学生学会寻找概念间的联系从而建立知识体系。通过学生主动参与学习，在交流、评价、完善概念图中丰富概念，进一步准确理解概念。

因此，本单元学习是在建模、推理、论证概念的基础上，引入学科知识和思维方式，在体验实践中解决问题，在交流评价中提升能力。

第四节　实施课堂教学评价

教学评价的改革与创新是教学改革的关键因素之一。如果没有相应的评价改革创新，新课程的实施就难以落实。信息科技学科的评价与其他学科的评价相同，它们都涉及评价的核心理念、目标、体系、方法等问题。如何按照信息科技课程标准的规定落实教学，是必须解决的关键问题。下面以教学评价原则和教学的组织实施为主要指导方法，为教师对信息科技课堂教学进行评价提供具体指导。

一、课堂教学评价原则

1. 评价标准和评价量表操作性要强

信息科技学科的评价标准自始至终应紧紧围绕学科的目标。应根据教学目标制定评价标准和相应的评价量表，一目了然，可操作性要强。通过评价是要让学生在学习的开始就知道自己需要努力的方向，然后能够通过循序渐进的学习，不断地、持续地进步。所以制定评价标准和评价量表时，首先要分析学习目标。通常，评价标准要能体现学生信息素养所包含的三个层次，即知识与技能、过程与方法、情感态度和价值观。而评价量表则要让三个层次的目标体现得更加具体，让教学评价有较好的可操作性。其次，要根据已有的教学目标，制定相应的科学、公平和公正的评价标准。制定评价标准和评价量表都是需要经过实践检验的，在教学实践中不断地检验、调整和优化。

2. 注重对学生学习活动的全面考察

对学习活动的考察既包括学生学习的结果评价,也包括学生的学习过程评价;教师要对学生知识的累积水平进行评价,还要评价学生知识学习过程中的表现情况;教师评价既要考虑教学对学生的普适要求,也要评价不同个性的学生在知识技能提高、思维品质、行为准则、团结互助等方面的学习过程。具体来讲,评价结果是考查学生是否达到总体学习目标的要求;学习过程评价则是考查学生获得学习结果的情况。因此,过程性评价有助于指导学生对学习状况进行及时调整,以便获得更好的学习效果。当然,知识是信息科技学科的基石,教师评价在关注学生能力培养的同时,评价知识学习的情况也是一个重要的环节。此外,教学评价还要重视学生学习过程中的行为表现,合理评价学生的行为表现,可以更好地促进学生个体提高学习效能。由于不同学生之间是存在客观差异的,对于一些学有特长的学生,还要鼓励开展自主学习,将来在学科领域可以取得更大的发展。为了更好地持续开展过程性评价,可以为学生建立电子档案袋,获得持续跟踪学生学习的数据,持久关注学生的发展。

3. 以科学、全面和公平为评价原则

在开展信息科技学科评价时,必须遵循科学、全面、公开和公平的原则,倡导评价的多元化,评价要反映师生共同发展的教学理念。如果仅对"知识和技能"发表评价,则不符合评论的全面性。如果在整个评价过程中对学生心理产生伤害,则说明所选择的评价方法不合理。此外,评价的发展和及时性也是评论中必须遵循的基本要求。发展性原则要求以学生的发展为主,将评价标准的运用与学生的具体能力相结合,对学生的学习作综合分析和评价,进一步让学生了解自己的长处和短处。及时性原则要求评价工作要及时进行,及时评价可以快速诊断学与教的不足,进而调整学与教,提高学与教的效率。当然,评价的标准要随着学生发展的变化而发展。评价是为了更好地促进学生的进步与发展。当学生进步时,评价要求也要相应提高。在学生达到一定水平后,应根据评价促进学生能向更高层次发展。

二、课堂教学评价的组织实施

为了更好地与教学保持完全一致,从教学开始之前,评价的整体规划应与教学计划相一致。教师在完成教学的过程中,需要做很多与教学组织、教学管理相关的评价决定。在整个评价的过程中,细致而周到的评价体系可以使教师获得客观、全面的学生学习情况,基于这些情况,教师能够更有效地分析教学情况,依据评价做出更合理的教学决策。

1. 教学前的评价——安置性评价

建构主义学者认为,通过已有知识和经验来掌握新知识是学习的过程。当然信息科技的学习也是如此。合格的信息科技教学设计首先就要求教师分析学生当前的知识和经验。教师在分析学生的知识和经验时,通常要考虑两个问题:第一,新知识或技能教学需要学生掌握什么水平的知识和技能? 第二,预估教学的学生的学习结果是什么? 学生应该达到什么水平? 对这两个问题,教师既可以根据自己的教学经验做出分析,也可以采用一些方式,例如根据安置性评价获得学生当前知识掌握情况的基本信息。对于不了解学生状况的新入职教师来说,下面的基础测试对于考察学生的知识和技能现状非常重要。常见的安置性评价分为三种类型。

(1) 准备状态前测。

对于前面讲的第一个问题的分析,教师可以依据课前已准备好的预测试获取相关信息。此类测试一般在信息科技单元或单课时的教学之前开展,目的在于检测学生是否具备新知识所需要的基础知识和技能。例如,高中学生学习某一选修模块之前,教师可以采用与选修课模块相匹配的必修模块测试,考查学生已有知识的储备情况,假如考查结果显示学生还不具备学习这个模块所必需的知识和技能,那么教师要有针对性的补充,或者也可以调整这个模块的教学内容和教学难度。

(2) 安置性前测。

安置性前测与教学完成后进行的测试性质差不多,也可以认为安置性前测用的测试内容是教学活动结束后所用测试的副本。一般通过安置性前测,教师可以了解学生在学习前是否已经掌握即将要学习的内容,假如不少学生已经掌握了这些知识,教师就一定要调整教学实施计划,例如,教师可以鼓励学生略过一些已知内容或组织学生进行知识延伸的学习;如果学生还没有掌握,则应引导学生到更深层次的学习。

(3) 用表现性评价分析学生起点情况。

教师除了使用一些测试了解学生的起点情况,也可以用一些表现性任务来观测学生的起点情况。例如,初中学生在学习信息加工与表达的内容之前,教师可以通过一个需要综合使用文本、多媒体等信息进行处理的任务,查看学生已有知识技能表现水平,为后续信息加工与表达的教学和评价提供依据。另外,如果教师使用学习档案来记录学生的学习起点情况,就要在学习的开展过程中保存好学生档案,像这样的表现性任务形成的评价资料也可以是整个教学评价过程中的资料,教师要妥善保管。

总而言之,不同学生的信息科技的学习能力、学习水平、学习需求等方面都有比较大的差异。教师在教学中可以采用多种方式,利用安置性评价来细致分析学生之间存在的个体差异。发现学习起点较低的学生,教师要有一些措施予以补救;发现学习起点比较高的学生,教师可以再给他们一些拓展的学习材料或更有挑战的任务,让不同层次起点的学生可以在已有层次上持续进步,让全体学生都能感受到学习成功的体验。

2. 教学中的评价——形成性和诊断性评价

在理想的教学中,教师可以根据学生的学习状况不断地调整教学。虽然教学不会尽善尽美,但还是要通过教学实施过程中不断地收集学生学习情况,为调整教学提供一些依据。教师可以收集两方面的信息:一是学生学习哪些任务会进展顺利? 哪些任务会困难比较大? 二是学习任务可以带来哪些学习困难,是否需要一些学习支架?

(1)形成性评价。

形成性评价是指教师在教学过程中监控学生学习进展情况。形成性评价通常是用来检查学生对某一模块或某一章节的教学内容掌握程度。它和平常使用的测验比较类似,不同之处有两点,一是形成性评价更偏重测试这个模块的所有学习结果;二是形成性评价更注重考查学生学习的得失,目的是让教师可以据此调整教学、学生可以据此调整学习。例如,如果大多数学生没有正确地执行某个测试问题或一系列测试问题,则需要以集体教学的方式再次教授与之相关的部分知识;如果大部分学生无法通过测试,那么就需要应用其他教学方法或正确引导学生选择其他学习方法,包括增加相关教学资源、依靠计算机或互联网应用教学等。这些纠正性对策一般用于学生某一短小的学习任务完成后进行考查,学生可以在形成性测试完成后,马上纠正自己学习的不足。

✎ 案例 3-11: 高中生人工智能知识现状的调查 ······························

1. 你认为人工智能是什么?

A. 机器人

B. 算法

C. 控制系统

D. 识别(语言识别,生物识别等)

E. 其他

2. 你是通过什么方式了解到人工智能的知识?

A. 网络媒体

B. 专业课程

C. 社会宣传

D. 科普刊物

E. 人际圈

F. 其他

3. 你是否关注人工智能的发展状况？

A. 非常关注

B. 比较关注

C. 不关注

4. 在日常生活中,你接触过以下哪些人工智能技术？

A. 语音助手(如小爱、微软小冰、小 E、jovi 等)

B. 图像识别(如随身码的人脸登录、百度的以图识图等)

C. 指纹识别(如解锁电子门锁、用指纹付款等)

D. 智能家居(智能门锁、智能照明、智能家电等)

E. 无人驾驶

F. 机器人服务

G. 以上应用均未接触过

5. 对于以上这些人工智能在日常生活中的实例,你是否接受这些人工智能服务？

A. 非常欢迎

B. 欢迎

C. 无感

D. 不欢迎

6. 你知道以下哪些人工智能事件？

A. AlghaGo 和李世石的围棋对战

B. Ubser 无人驾驶测试车撞上行人

C. Dota 5v5 Al 完胜人类团队

D. 阿里云人工智能成功预测"我是歌手"的冠军

E. 大疆推出人脸识别无人机

F. 华为发布 970 麒麟芯片

G. 其他

7. 你对人工智能的态度是什么？

A. 支持,并对人类与人工智能和睦共处有信心

B. 支持,但对人工智能威胁论表示担忧

C. 反对,相信人工智能威胁论

D. 保持中立

8. 人工智能对社会发展的影响你认为有哪些?

A. 人工智能应用是未来发展所需要的重要技术之一

B. 人工智能能够优化我们的社会生活

C. 人工智能能够给我们的社会带来便利

D. 人工智能不利于社会发展

E. 其他

9. 假如人工智能能知晓你的个人隐私,从而更好地为你服务,你是否愿意让人工智能更了解你自己?

A. 愿意,没有疑虑

B. 期待,但对可能暴露的个人隐私存有疑虑

C. 不愿意

10. 你是否思考过在这个科技飞速发展的时代,你以后从事的行业在未来可能会被人工智能替代?

A. 没有意识到这个问题的存在

B. 只简单思考过,并认为人工智能的影响不会那么大

C. 深度思考过这个问题,意识到可能会对未来带来巨大冲击

11. 你认为人工智能大规模替代人类工作会导致失业率激增吗?

A. 很有可能,人工智能的能力范围很广,会使许多行业的人失业

B. 不太有可能,即使人工智能可以替代人类工作,但同时也会因此产生一些新的职业

C. 不可能,就业率将保持稳定

(2)诊断性评价。

教师教学中有时也会遇到一些学生一直有学习问题,而且这些问题无法通过形成性评价来解决,这就可以通过诊断性评价来分析学生的学习究竟困难在什么地方。因而,诊断性评价的目标就是用于分析学生的学习表现的普适性原因,分析学生学习困难的问题在哪儿,让教师可以有针对性的补救。例如,编程教学时,诊断性评价帮助找到类似这些问题的答案:究竟是学生不了解算法而导致编程困难?还是没有掌握编程语言导致编程困难?一般常用的诊断性评价方法是诊断性测验,诊断性测验包括针对一章节或内容的许多特定测试内容,这

些测试内容之间差异比较小,目的是细致分析学生产生特定学习错误的真正原因。例如,教师想要更好地诊断编程学习的错误,可以设计一个测试,测试中有一类题不要求学生编写程序语言,而只是专门分析和优化算法;有一类题同时考察算法和语言。由此寻找到学生编程设计不正确的根本原因。但由于时间有限,班级人数较多,在具体的教学过程中,不少有经验的教师主要还是依靠教学经验,分析学生学习过程中的普适问题。

✎ 案例 3-12：初中图形化编程单元第 1 课时基本操作自测表 ··············

表 3-5　初中图形化编程单元第 1 课时基本操作自测表

基本操作	是否掌握?（掌握请打√）	备注
将指令积木拖曳到代码区		
将指令积木拼接起来		
将代码区已拼在一起的指令积木分开		
从代码区删除不要的指令积木		
添加一个新的角色		
删除不要的角色		
添加一个背景		
删除不需要的背景		
执行代码区的程序		
执行代码区的部分程序		
修改指令积木的参数		

3. 教学后的评价——总结性评价

教学接近尾声时,教师要关心有多少学生达成教学目标。这时,教师可以从以下几方面进行思考：一是已经掌握学习任务,可以开展接下来学习的学生有哪些？二是班级内每位学生的掌握程度怎么样？像这些在教学活动结束后进行的评价,可以称之为总结性评价。也就是说,总结性评价的重点是评价学生的学习结果。总结性评价可以同时使用测试的形式或表现性评价。虽然总结性评价的主要目的是用于了解学习结果,但教师也可以对学生的学习过程提供一些反馈,用评价的结果来分析学生学习的效果,从而达到自身改进教学的目的。

案例 3‒13：小学设计与制作演示文稿作品展示评价表 ·······················

表 3‒6　小学设计与制作演示文稿作品展示评价表

评价内容	★★★	★★	★	评价	意见和建议
演讲主题	观点清晰,资料围绕观点有序整合。	观点较明确,资料较充分。	观点不明确,资料缺乏。	☆☆☆	
作品特点	作品有吸引力,多媒体使用适当,效果好。	作品较有吸引力,能使用多媒体,效果较好。	作品没有吸引力,使用多媒体不适当,效果不好。	☆☆☆	
演讲效果	语言生动,自信大方。	语言较生动,较自信。	语言不够生动,不够自信。	☆☆☆	

第四章

常见单元教学类型例析

指向核心素养培养的单元教学设计研究最关键的环节还应是将相关研究的方法和策略应用于教学实践中,帮助教师在教学实践中理解课程标准,贯彻课程标准的理念和要求,实现课程标准与教、学、评实施的一致性。本章以分析具体案例的方式,探讨在中小学信息科技基层教学实践中四种典型单元教学类型的设计方法和策略。主要内容包括:概念教学、技能教学、项目活动教学和跨学科项目活动教学设计与实践。

第一节　概念教学设计与实践

中小学信息科技学科是融合知识性和技能性为一体的学科,信息科技科学体系涉及多种技术概念,不仅概念与概念之间有前后关系,很多技能的学习都是基于概念的理解进行操作,所以信息科技概念教学在教学中占有重要地位。心理学家赞科夫强调,学生的学习概念和基本原理有利于他们掌握客观事实和操作技能,也有利于他们的总体发展。学生在孤立学习教材中的概念和技能时,往往会感到枯燥乏味,无法记忆和掌握。如果他们掌握必要的基础知识和操作技能的规律性,就不仅能学会知识,还能运用,增加和加速对概念的理解和掌握。此外,理论知识还可以帮助学生深入、全方位地了解世界,使他们大脑中产生的认知不是片段,而是事物之间的相互联系,即事物的规律性存在。学生可以推断规律性并完成学习。学生抓住了规律就能举一反三,实现迁移,它是深度学习的一个关键特征,也是必然要求。这样可以激发学生计算思维的主动性,增强学生的逻辑能力,促进学生的整体发展。

一、概念教学的一般要求

1. 中小学信息科技概念原理的特点

在中小学信息科技体系中,基本概念和基本原理是起着支撑作用的。这些形形色色的概念和原理涉及面广,既有属于基础知识的,也有属于基本技能的。但无论是属于原理方面还是操作方面的概念和原理,都具有以下一些特点。

(1)基础性。信息科技的概念和原理是整个中小学信息科技中的基础,它是学科所必须学习的基础知识的重要组成部分。当中小学阶段的学生掌握好这些基础知识后,才能够更加深入地理解所学的信息科技及其原理,才能更加系统地掌握信息科技知识之间的联系,获得学习的主动权,提高分析问题、解决问题的能力。

(2)抽象性。这里讲的抽象,是指基于分析、综合、比较,把知识的本质特征与知识本身、知识的其他特征进行区分,同时把知识的本质特征提到重要的位置来认识。比如对"信息系统"的概念进行分析、综合、比较,每一种信息系统根据自身的需求有其特定的功能,这些都是关于"信息系统"的个别属性。而所有的信息系统共同具有的本质特征,是指"信息系统中有基础设施层、资源管理层、业务逻辑层、应用表现层,并配备标准规范体系和安全防范体系。"教师在教学中把这样的本质特征抽取出来,可以称作为"抽象",这样的本质特征相对来说难以直观感知。可见许多信息科技概念和原理具有较强的抽象性。

(3)概括性。概括是产生概念的一种思维方式和过程。信息科技概念和原理的形成过程就是提取一些具有相同特征的事物的本质,并将推广到所有具有这种特征的事物,进而对这类事物形成普遍概念。如在学习"计算机硬件"这个概念时,教师通常会先让学生回忆以前接触的计算机硬件设备,在其中抽取"输入设备""输出设备""运算器""控制器""存储器"这些本质属性,之后再将这一概念推广,即计算机硬件由输入设备、输出设备、运算器、控制器和存储器五大部件组成。输入设备用于将各种数据信息输入计算机;输出设备用于将计算机中的数据信息输出到相应的设备;运算器一般负责进行算术和逻辑运算;控制器一般负责协调和指挥计算机的所有工作;存储器一般负责存储程序、数据信息和文本文件。

(4)逻辑性。这里讲的逻辑,是指客观世界的存在和其发展的规律。信息科技概念和原理的发展过程有其发展的逻辑体系,具有一定的逻辑特点,在学科概念体系中,每个概念之间都存在一定的关联,从逻辑学的观点来看,中小学信息科技的概念和原理常见的逻辑关系有以下四种。

表 4-1　概念和原理的逻辑关系

逻辑关系	举　　例
从属关系	如中央处理器和运算器、控制器；软件系统和系统软件、应用软件等。
递进关系	如集线器、交换机、路由器三者之间存在功能不断扩展的递进关系等。
并列关系	如搜索引擎的全文搜索和目录索引；如音码、形码和混合码等。
因果关系	如二进制硬件中存储器的基本单位之间的因果关系等。

2. 理解概念原理的意义，明确使用的要求

信息科技概念是信息科技学科内容的核心基础，是学生学习信息科技知识、建立信息科技观念的基础。信息科技概念的学习直接影响学生对信息科技事实的理解和信息科技原理的应用。理解和掌握信息科技原理不仅对促进学生概念掌握、理解操作原理、把握用信息技术解决问题的本质等具有积极作用，信息科技原理本身所蕴含的信息科技概念、信息科技思想、用信息技术解决问题的方法等对学生的计算思维发展更具有极大的促进作用。

（1）在学生信息科技学习中，理解相关概念和原理有助于学生对信息科技现象和信息科技事实的理解，对他们学习数据、算法、信息系统、信息社会等学科大概念具有指导意义。没有概念和原理的引导，学生学习学科大概念知识时更多局限于浅表学习，即仅仅停留在表面现象，停留在对学科大概念的描述性记忆上。理解了相关的概念和原理，学生就能以理解为目标，进行深度学习，即比较深入地认识这些信息科技解决问题的本质，关注学习内容之间的联系，进而能解释产生某些信息科技应用的现象，还能对信息科技应用进行基于学科原理的合理推测，对其可能发生的影响做出合理的猜想。

（2）理解信息科技概念和原理有助于学生对所学知识进行迁移运用，从而让所学的知识能够形成网络化、系统化的特点。从心理学角度来说，如果学到的知识和习得的经验杂乱无章，没有系统性，那么不仅新旧知识之间容易混淆，而且还容易发生消极迁移的现象。信息科技的概念和原理是揭示信息科技现象本质的知识，规律性强。学生掌握了这些概念和原理，就能了解信息科技原理和应用之间的内在联系，进行反思性的学习，并把散乱的知识点串联成知识网络。利用这些知识网络，有助于学生发现规律，进而触类旁通，实现知识的正迁移。

（3）学习信息科技概念和原理有助于培养学生信息科技学科核心素养。

《普通高中信息技术课程标准(2017年版2020年修订)》中提出：信息科技学科核心素养包括信息意识、计算思维、数字化学习与创新、信息社会责任,是从价值观念、必备品格和关键能力三个方面对学科核心素养内涵的揭示,是学生信息科技核心素养在知识与技能、过程与方法、情感态度与价值观三个方面得到全面发展的综合表现。可见,要培养学生的信息科技学科核心素养,离不开信息科技科学方法的教育。在学生获得信息科技概念和原理的过程中,能够对问题进行抽象、分解、建模以及设计解决方案,能概括问题分析与解决的一般流程,并将其灵活运用于解决其他问题等科学方法。因此,信息科技概念和原理的学习有助于学生计算思维能力和理性认识能力的培养。

信息科技概念和原理是人类在探索信息社会的过程中,随着对信息科技本质认识的加深和发展逐步形成的。人们利用信息科技概念和原理揭示信息科技变化的本质和规律,控制和利用信息科技反应,进而促进科技的进步和社会的发展。同样,在进行信息科技概念和原理的学习时,指导学生用好所学概念和原理,对学生的思维发展有极大的促进作用。当然,根据学生的认知能力发展趋势次序和抽象思维能力生成的规律,学生在不同的学习环节需要掌握的信息科技基本概念和原理是不同的。在学习的不同阶段,学生要掌握的概念内涵的丰富性和多样性也会有一些差异。作为教师,应认真掌握中小学信息科技基本概念的水平,结合课程标准和教材内容规定,分析信息科技基本原理的构成和适用范围,减少基本原理的抽象性,并帮助学生深刻理解信息科技的基本概念和原理。

3. 影响概念原理教学的因素

信息科技概念是学科内容的重要组成部分,是信息科技知识的"骨架"。教师对信息科技概念和原理的教学通常也很重视,但是很多时候教师在基本概念和原理教学时存在一定的误区。比如,有些教师认为信息科技概念和原理抽象、概括,学生不易理解,所以将概念原理课当作纯粹听、读、背的训练课,认为只要课上多讲、细讲,就能讲清楚、讲明白,学生就能听懂并且理解。这种观点是错误且有害的。在教师简单直接的灌输式讲授下,学生始终处于浅表学习状态,学生的学习动机完全来自教师要求,在听、背、练时完全以完成教师所给的学习任务为目标,机械记忆知识,不会使用元认知技能,不能从整体上理解问题,导致记忆的时间短、效果差,后续的学习完全演变成在操作训练中纠错、强化、巩固。久而久之,学生必然对信息科技概念和原理的学习产生厌恶与畏惧心理。所以,在教学过程中,教师要引导学生开展多样的学习方式,充分调动学习积极性,同时还要根据学习状况和前概念的形成情况设置合适的平台。

（1）了解学生的原有知识结构，对前概念的研究加以重视。

认知心理学家皮亚杰认为，学生的学习是建立在对新的知识和原有认知结构的同化基础上的。建构主义理论也注重"学生不是空着脑袋走进课堂"。在接受正规的信息科技教育之前产生的概念通常称为前科学概念或前概念，建构主义者称之为日常概念。学生的这些前概念是来源于自身的实践活动，都是由认知主体的认知活动所产生的。但是，与同样来源于人类实践活动的科学的信息科技概念和原理不同的是，学生的前概念不一定正确，有可能是错误的，更多的可能是模糊的。在学习新的信息科技概念和原理时，不论学生的前概念是对是错，都是他原有认知的一部分，是不能回避也不可忽视的。如进行"编码"概念教学时，有些学生常常会片面地认为编码就是生活编码，图像编码等同于点阵像素，声音编码就是录制声音文件，甚至可能会错误地认为数字化就是变成数字。这时就需要教师设法帮助学生了解图像编码、声音编码与信息编码的本质，在消除原来片面或错误概念的同时，建立对新概念的正确理解。

教育心理学家奥苏贝尔把学生的原有认知结构摆在到十分重要的位置。他说："如果让我把教育心理学归为一句话，吾将一言以蔽之，那就是学生已经知道些什么，并因此教学。"所以，研究学生的前概念对教师来说是非常重要的，把正确的前概念当作新知识的生长点，正确引导学生从原来的概念中生长出新的学科概念和原理，同时设法消除那些错误的前概念或前概念中的错误部分，然后建立新的、正确的信息科技概念和原理。

（2）多种方法启发引导，形象化理解抽象概念。

信息科技概念和原理通常理论性较强，学生在学习时往往因其抽象而理解不深。如"物联网的基本架构"，学生看不见摸不着，光凭语言的描述让学生在头脑中想象"物联网的基本架构"，也确实很困难。教师可以用建模的方式展示物联网的基本架构模型，让学生"看到"物联网的基本架构图，如图4-1，学生可以对物联网的基本架构有一个初步的感知，弥补感性认识的不足。

（3）理解内涵拓展外延，逐步深化概念的发展。

随着信息技术的发展，对一些信息科技概念和原理，人们的认识还在不断加深的过程中，有些概念的内涵和外延也在不断更新。因此，在进行概念和原理的教学时，教师应充分考虑到概念的发展性。对于一些教学中没有办法给出的精准科学定义，或者是对于学生而言比较难理解的概念，可以直接用泛指、实例或比喻的手段去说明。例如对于义务教育阶段的学生来说，人工智能的概念较难理解，可以从人工智能的外延应用的角度，增强对人工智能的内涵概念的认识。因此，教师要研究学生的信息科技学习基础和学生综合学习能力，从符合学生认

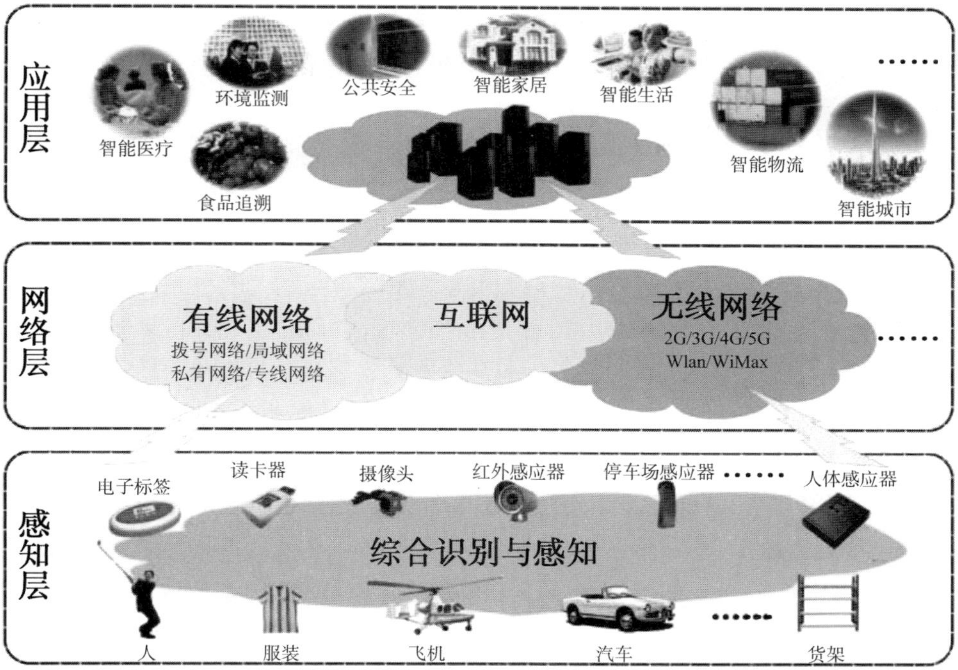

图 4-1 物联网的基本架构

知规律的角度出发,结合学生的最近发展区,设计合理、科学的概念和原理学习流程,帮助学生掌握信息科技的重要概念、原理,以及每个概念的内涵和外延,从而建立完整的概念和原理知识结构体系。

二、概念教学的设计策略与方法

在学习信息科技概念与原理时,很少有学生是单独学习某个概念或原理的,往往是与信息科技应用或是信息科技发展历程、信息科技实验等相结合。对于不同的概念原理,学生在学习时遇到的困难不同,学习时接受和理解的程度也不同,因此,在教学时对不同的概念和原理要采取不同的教学策略和方法。

1. 合理利用类比的策略

在科学发展史上,类比是一种广泛使用的方法。许多科学家为了更好地了解某种事物的特征,通常习惯于将这种事物与另一种已知的事物进行比较来做出判断。

信息科技的概念和原理是人类在认识信息科技、学习信息科技的过程中,把所感觉到的概念和原理的共同特点提炼出来,对其进行概括而形成的。所以,在教学时，教师可以联系学生的已有知识、生活经验或实验现象等能感知到的相关知识，引导学生进行类比，通过类比帮助学生理解概念。

🖍 案例 4-1：初中《信息搜索》教学片段

教师讲授故事：电影《怪兽电力公司》有一个巨大的传送门仓库，存放着各种各样颜色的卧室门，这些卧室门可以直接通到小朋友的卧室，这些卧室门就是超链接，门后面小朋友的卧室就是网页内容。所以搜索的过程放到《怪物电力公司》里，就是这样的，蜘蛛怪兽专门搜集小孩信息，它们只要看到门就进去，并记录房间里的信息，如果这个小朋友的房间连着其他小朋友的房间，它也会进去搜索信息，并且在电力公司也做一个一模一样的传送门连着这个新发现的门。蜘蛛怪兽不停地努力工作，记录门以及门后面的房间信息，回来之后还要按照关键词来整理这个存放传送门的巨大仓库。比如说哪些门是小男孩小女孩，哪些门后面是粉红色的床，各种信息都不放过，建立起一个超大的传送门辞海，编好目录，方便怪兽们查找。接下来，到了怪兽们去搜索合适的小朋友的时候了，比如要找一个胆小的穿红衣服的男孩子，那传送门搜索引擎寻找符合小男孩的几个关键词：胆小、红衣服、男孩子，然后按照一定的顺序摆到我们的面前，让我们挑选。

因此，因特网就是网页之间彼此连接的超链接，浏览器实时运行一个叫作蜘蛛的程序，蜘蛛爬遍这些网页来收集关于他们的信息，每一次它找到一个超链接，蜘蛛就沿着超链接一直到访问完所有能找到的网页。对于每一个蜘蛛访问的网页，它记录了任何对于搜索有帮助的信息，存放到索引数据库里来记录你之后的对搜索有帮助的信息。当你搜索"胆小红衣服男孩子"时，搜索引擎已经有了能实时给你的答案。

案例解析

教师通过类比电影《怪兽电力公司》的传送门记录小朋友房间信息的情景片段，与学生一起讨论并认识搜索引擎的一般工作过程。让学生明确当我们进行搜索时，搜索引擎实际上并没有在网上实时的搜索我们的请求，这是因为互联网上有超过 10 亿个网站，每分钟还有上百个网站被创建，如果搜索引擎必须浏览每一个站点才能找到我们想要的站点，那就需要很长的时间，所以为了使搜索更快，搜索引擎需要提前扫描网络，来记录对后面的搜索有帮助的信息。因此，搜索引擎的工作过程是整个过程都是基于某些特定的策略，计算机利用一些特殊的程序，在互联网上收集信息，再对收集到的信息进行分析并处理后，就可以为用户提供搜索服务。所以，当我们在输入框中输入关键字后，搜索引擎会查找到与关键字匹配的相关记录，并按照一定的顺序返回给用户。

2. 运用生活化情境教学的方法

信息科技学科中的很多概念来源于计算机、网络等虚拟环境,学生们容易感到陌生且不易理解,因此对这部分概念就要由虚拟转为现实,将其设定或类比于现实生活,使学生能利用生活经验加以消化和理解。因为生活化情境教学一方面可以帮助学生在相关概念和原理之间建立联系;另一方面,可以根据生活中使用的各种定义的内涵与外延,引导学生完成对概念的多角度理解,防止学生在理解概念时可能出现的混淆,帮助学生能够更清晰地掌握概念的本质属性,使学生在基于生活情境理解的基础上进行深度学习。

在教学过程中,教师的教学举例如果能够贴近学生的实际生活情况,与学生当前的生活经验结合,设计与学生日常生活相符合的教学场景,可以加快学生对概念的理解,促进其将课堂知识有效内化,也能使其更加感受到"技术来源于生活,解析技术中的概念更离不开生活"。

案例4-2: 高中《汉字的点阵》教学片段

"汉字的点阵"这一概念,即用点阵方式表示汉字形状。为了使学生对点阵记忆犹新,教师在上课前请全班同学每人准备白色和黑色封面的书各一本,要求全班准备的书一致。在课堂上,利用集体的智慧拼出"一、二、三、四"等字样,然后让学生体会"你们每一位同学都是一个点,横6排、纵7排组成的就是6×7点阵"。此外,再让学生联想运动场上的"人墙翻板"、街道两边的LED显示屏,从而更深刻地理解点阵的妙用。

3. 运用体验教学的方法

在中学阶段,学生要学习掌握的信息科技概念和原理不少,这些信息科技概念和原理之间存在一定的关系,不是孤立的。但不同类别和不同属性范围的概念,在教学时又有不同的特点。如有些概念的形成是从形象思维到抽象思维,而有些概念是从抽象思维到抽象思维。因此,在教学时根据这些概念和原理的属性,以及它们之间的关系进行体验教学,容易取得事半功倍的效果。

案例4-3: 高中《远程登录》教学片段(案例提供者: 上海市七宝中学 金琼)

"远程登录"这一概念,若要清晰地明白其含义,必然会涉及局域网、广域网、IP地址、AP等很多相关的概念。这些概念在教材中分布零散,有些概念在"远程登录"概念出现之前已经存在,有些甚至是教材上并未出现的概念。因此诸如"远程登录"这类复杂的概念,教学中可以设计一个综合类的体验活动,既帮助学生巩固前面所学的知识,同时也帮助学生尝试将学习到的知识进行融会贯通。

为了较好地剖析此概念,教师首先创设了"小明登录到小丽的计算机上开启杀毒软件"的情境,然后使用有线网络,两台计算机之间远程登录;再使用手机提供的无线网络,两台计算机之间远程登录;最后小明使用手机提供的无线网络,小丽使用机房的有线网络,两台计算机之间远程登录。在这一综合体验活动中,学生通过不同方式体验远程登录的乐趣,也明晰了多个概念之间的相互关系。

三、促进学科素养提升的概念教学实践

认知心理学家认为概念的形成是一个认知能力学习的过程。它是指个体先对情境有一定理解,之后再做出一些假设验证,如果假设验证能获得肯定的结果,就形成了概念。而行为主义心理学家则认为,概念主要是先通过刺激、反应、增强,再经过类化与辨别,在这样的过程中逐渐形成的。这两种观点虽然存在差异,但经过比较可以发现,两者也是互通的。从这两种观点出发,我们可以把信息科技概念和原理的学习分成 5 个阶段,即:

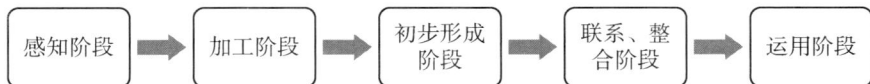

图 4-2　信息科技概念和原理学习的 5 个阶段

（1）感知阶段。在教师有意识地创设的情境中,学生有目的地体验或感悟典型的知识、发生的变化等实例,或感知教师的语言表述(或教材的文字表述)等。这也就是认知心理学家所提出的个体对情境的理解,也是行为主义心理学家认为的形成概念最初的刺激。

（2）加工阶段。学生自己分析、综合、抽象典型的信息科技相关案例,获得其本质属性,厘清特征之间的关系;或分析认知的口头表达(或文本)描述,提取词义,结合经验中案例的综合词义,对基本概念的实际意义和基本要素的本质进行定性分析。这个加工过程也可以说是行为主义心理学家提出的反应。

（3）初步形成阶段。教师在根据学生对典型信息科技知识分析、综合、抽象的基础上,引导学生对发现的本质属性进行概括、分类,促进对信息科技使用的更高层次的理解,生成基本概念和基本原理,给出概念的定义,或者对给出的概念定义能够理解和认同,使基本概念原理符号化。

（4）联系、整合阶段。这个阶段要求学生可以使用概念来开展区分、鉴别、划分等活动,能对新学习的概念进行表达,能说明概念的非本质特征。同时还要

明确新学习的概念外延,让新学习的概念可以和原来学习的概念结构进行关联,例如补充、修改、纠正等,在此基础上重组并整合成新的概念结构。当学生的概念经过了高度整合,学生就能很容易从记忆中查找,并且能够相对持久的记住,这样也就意味着这些概念在记忆中得到了巩固。

(5)运用阶段。教师根据学生的学习情况搭建情境平台,让学生在解决问题的过程中,运用所学信息科技基本概念进行归纳、逻辑推理、表达、判别、思考等,不只有在学习概念过程中的问题得到处理,对概念的理解进一步发展和加深,使其更加精确、详细、丰富,或者在这个教学环节中发现新问题、形成新概念等。在这一教学过程中,教师不能简单地立足于就事论事,而应在学生的学习过程中,不断培养、提高学生联系信息科技知识的能力、综合运用知识的能力等。

教师在开展概念和原理教学的时候,要注意从概念和原理形成的这两个关键阶段入手,既能提高概念原理学习的效率,又能促进学生学科素养的提升。

✎ 案例4-4:初中《走进计算机病毒博物馆》单元教学设计(案例提供者:华东师范大学第二附属中学附属初级中学 吴庭婷)

【单元整体结构】

大数据和信息化在推动社会发展,但同时也带来了许多的安全风险,当前,信息安全问题日益突出,特别是计算机病毒和黑客入侵问题。因此,信息安全无论是对个人还是国家都至关重要,而计算机病毒知识的学习是保护个人信息安全的前提,防范计算机病毒的入侵,贯穿使用信息技术的全过程。2017版《上海市初中信息科技学科教学基本要求》(以下简称"基本要求")顺应时代对学科育人的要求,在2009版基本要求的基础上,将"计算机病毒"独立规划成一个单元,成为2017版基本要求模块三第八单元内容,学习内容与要求着重强调了所有的学习须建立在真实案例的基础上。

对学生而言,计算机病毒似乎是个神秘而强大的存在,常有耳闻却鲜少接触。计算机病毒程序的收集很困难,教师也没有办法使用病毒程序进行演示,教师常常讳莫如深或者泛泛而谈,导致学生无法理解计算机病毒相关的抽象概念。考虑以上情况,笔者为本单元重新设计学习活动,把需要学习的计算机病毒内容融入计算机病毒博物馆,如同现实中的博物馆,其中有各种体验场馆,在不同的场馆中完成不同知识点的学习,例如:画像馆的召唤杀毒软件活动;特点馆的病毒大作战游戏;防御馆的小组战略风暴;查杀馆的亚健康计算机体检活动。丰富的场馆体验活动让计算机病毒单元的学习变得生动,计算机病毒博物馆也提供了许多典型的历史病毒事件,让学生穿越历史,直面计算机病毒真实案例。

本单元通过一个博物馆、两节课时、四个场馆完成了整个单元的系统学习，了解计算机病毒的概念和特征，学习计算机病毒的防范与查杀方法。利用欧洲反计算机病毒协会的标准反病毒测试文件，与学生面对面体验计算机病毒，了解病毒的概念；经历类比游戏机制和分析真实计算机病毒历史事件，理解病毒的特征；全面了解计算机病毒之后，分析真实历史事件，制定防范计算机病毒的方法；即使计算机不幸中毒，也可以正确使用杀毒软件进行自我保护。从认识到防范再到查杀，意识到事前的防范远胜于事后的查杀，需提高自己防范计算机病毒的意识和能力。

【单元知识点梳理】

单元核心概念	单元重要概念
概念 8-1：计算机病毒的概念及特征 概念 8-2：计算机病毒的防范 概念 8-3：计算机病毒的查杀	概念 8-1-1：计算机病毒的概念 概念 8-1-2：计算机病毒的危害性 概念 8-1-3：计算机病毒的感染途径与一般症状 概念 8-1-4：计算机病毒的特征 概念 8-2-1：计算机病毒的防范方法 概念 8-3-1：计算机病毒的查杀方法 概念 8-3-2：计算机杀毒软件的操作
相关概念关系图	

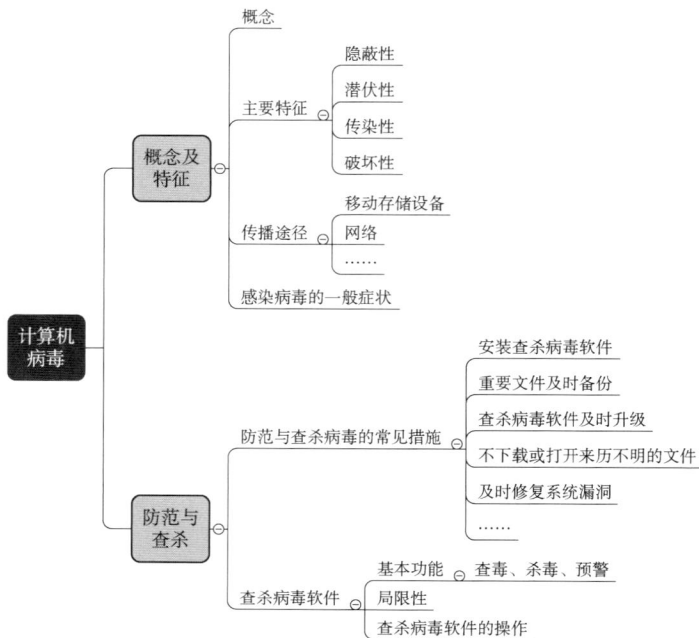

【单元目标】

（1）通过讨论和杀毒软件性能测试，分析并总结出计算机病毒的概念；

（2）通过类比游戏机制和分析真实计算机病毒历史事件，理解计算机病毒的特征；

（3）通过分析真实计算机病毒历史事件，制定防范计算机病毒的方法；

（4）通过对杀毒软件原理的探究，了解病毒库的作用及杀毒软件的基本功能；

（5）通过实际操作杀毒软件，了解不同扫描模式的区别，知道杀毒软件的局限性；

（6）通过查看防火墙知道防火墙的功能，了解保护个人隐私信息的方式。

【单元教学过程设计】

本单元分为两课时，第一课时：走进病毒博物馆（画像馆、特点馆、防御馆），第二课时：走进病毒博物馆（查杀馆）。

第一课时，历经画像馆、特点馆、防御馆。课程活动首先难在如何在合理的范围内让学生切身体验到病毒，画像馆的欧洲反计算机病毒协会的标准反计算机病毒测试文件是一个很好的切入点，既能体验病毒的效果，又能观察到杀毒软件的反馈。但是这个测试文件只能看到表象，无法具体感受到病毒实际的破坏过程，因此在特点馆构建了一个游戏环节，在游戏中体验病毒的实际破坏过程，分析病毒的特征，在这些体验之后，学生已经对病毒了解得比较全面了，先了解后防范，防范要能有的放矢还必须针对具体的案例。防御馆的案例选择也很重要，结合病毒发展时间线和课程标准相关内容，选取了 PC 时代的大脑病毒、网络时代的莫里斯蠕虫以及移动互联时代的冰河木马、被称为第一场网络战争的震网病毒和最近影响规模较大的勒索病毒。在真实计算机病毒的历史事件中，有针对性地制定防范计算机病毒的方法。

第二课时，历经查杀馆。课程首先难在学生需要理解为什么杀毒软件不能查杀所有的病毒，因此在活动一的"揭秘杀毒软件"中通过三个问题，一步步引导学生了解杀毒软件杀毒的原理。"问题一：先有计算机病毒还是先有杀毒软件？"让学生先树立杀毒软件相对滞后病毒发展的印象；"问题二：杀毒软件的病毒库里是什么？"学生借助搜索引擎去查找病毒库的真相，认识到"病毒特征码"的存在；"问题三：杀毒软件是如何识别计算机病毒的流程？"借助指纹识别的流程来了解杀毒软件识别病毒的流程。在了解杀毒软件原理的情况下就能知道杀毒软件的功能和一定的局限性。活动二的"试用杀毒软件"，让学生体会杀毒软件不同的扫描模式的功能，然后能够解决例如现实生活中优盘使用前查杀的原因。真实体验后再通过人们对杀毒软件的使用误区去了解杀毒软件的局限性，正确认识杀毒软件。活动三的"认识系统防火墙"主要告诉学生个人隐私安全的威胁不仅仅是病毒,还有恶意攻击,保护个人隐私安全也需要多方的共同支持,防范远胜于查杀,对于计算机病毒和恶意攻击,个人防范才是最好的进攻。

【分课时教学设计】

第一课时——揭秘计算机病毒

【教学目标】

（1）知识与技能

① 描述计算机病毒的概念；

② 列举计算机病毒的特征；

③ 举例说明计算机病毒的防范方法。

（2）过程与方法

① 经历讨论和杀毒软件性能测试,分析并总结出计算机病毒的概念；

② 经历类比游戏机制和分析真实计算机病毒历史事件,理解计算机病毒的特征；

③ 能通过分析真实计算机病毒历史事件,制定防范计算机病毒的方法。

（3）情感态度价值观

① 意识到防范计算机病毒的重要性；

② 加深自我防范计算机病毒的意识,提高防范能力。

【教学重点和学习难点】

教学重点：计算机病毒的概念与特征；计算机病毒的防范方法。

学习难点：理解计算机病毒的特征。

【教学流程】

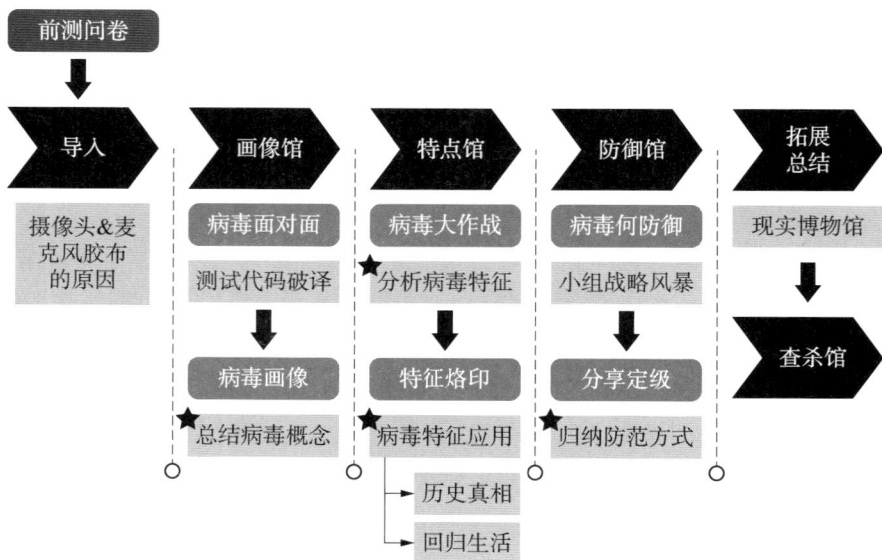

【教学技术与学习资源】

① 标准反病毒测试文件；

② 计算机病毒大作战游戏；

③ 计算机病毒简史视频和卡片资料。

【教学过程】

教学过程	教师活动	学生活动	设计意图
情景引入	1. 某名人的笔记本为什么贴胶布？ 2. 描绘计算机病毒模糊画像； 3. 引入课题。	猜想讨论。	明确学习内容。
画像馆	活动一：病毒面对面——召唤杀毒软件 根据"活动一：杀毒软件测试"进行操作,体验计算机病毒与杀毒软件的关系。 （1）测试体验； （2）代码解析：计算机病毒行为破译； （3）计算机病毒概念解析：根据活动一描述计算机病毒画像,并引入 CIH 病毒完善计算机病毒概念。	测试体验。 借助杀毒软件测试了解病毒的实质,进而总结病毒概念。	通过杀毒软件性能测试,了解病毒的实质是程序代码。
特点馆	1. 活动二：病毒大作战——分析游戏机制 根据游戏体验,讨论病毒相关特征。 （1）游戏体验； （2）游戏机制分析：分析病毒相关特征； ① 病毒会破坏文件等→破坏性； ② 病毒能够自我复制传染给其他文件→传染性； ③ 病毒会伪装隐藏在正常文件中→隐蔽性； ④ 病毒会藏在文件中几秒后才破坏文件→潜伏性； ⑤ 病毒会导致电脑蓝屏→破坏性； ⑥ 病毒会藏身于文件夹中→隐蔽性。 （3）特征烙印——历史真相：根据"大脑"病毒材料,分析该病毒特征的关键语句； （4）归纳计算机病毒的特征。 2. 特征烙印——回归生活 完成特征与传播的闯关选择题,根据答题分数进行定级(S、A、B、C)。	游戏体验和病毒特征分析。 借助历史分析病毒特征。 分析生活中的事件所蕴含的病毒特征。	游戏体验病毒特征、历史事件和生活实例分析强化理解病毒特征。

（续表）

教学过程	教师活动	学生活动	设计意图
防御馆	活动三：病毒如何防御——小组战略风暴 小组协作，借助计算机病毒卡，头脑风暴病毒的防范方式。 （1）观看计算机病毒简史视频； （2）讨论四款病毒的防范方式，并填写在"防御单"中； （3）归纳防范计算机病毒的方法，分享定级（S、A、B、C）。	头脑风暴病毒防御方式。	意识到攻击的原因即防范方式的来源，思考防范方法，提高自我防范能力。
总结	现实生活中的在线病毒博物馆； 万一中毒，怎么办……，查杀馆下节课为大家开放。	回顾总结。	

【板书】

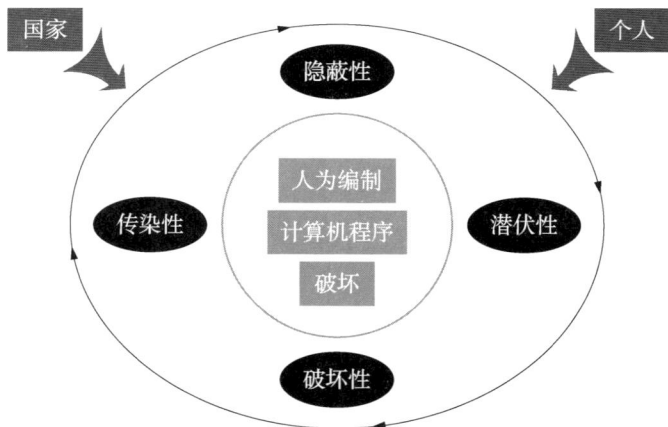

第二课时——防毒和杀毒软件的使用

【教学目标】

（1）知识与技能。

① 了解杀毒软件的基本功能；

② 学会使用杀毒软件，了解其局限性；

③ 认识系统防火墙，了解保护个人隐私信息的方式。

（2）过程与方法。

① 通过对杀毒软件原理的探究，了解病毒库的作用以及杀毒软件的基本功能；

② 通过实际操作杀毒软件，了解不同扫描模式的区别，知道杀毒软件的局限性；

③ 通过查看防火墙，知道防火墙的功能，了解保护个人隐私信息的方式。

（3）情感态度价值观。

① 正确看待杀毒软件，意识到杀毒软件的局限性；

② 及时发现计算机存在的潜在问题，提升自身的防范能力。

【教学重点和学习难点】

① 教学重点：杀毒软件的原理与局限性；杀毒软件的操作与应用场景；

② 学习难点：杀毒软件的原理与局限性。

【教学流程】

（四）教学过程

教学过程	教师活动	学生活动
情景引入	1. 如果计算机中毒怎么办？ 2. 引入课题。	讨论
活动一	活动一：揭秘杀毒软件 问题一：先有计算机病毒还是先有杀毒软件？ 问题二：杀毒软件的病毒库里是什么？ (1) 利用搜索引擎进行搜索，了解病毒库里的真相； (2) 了解计算机病毒特征码。 问题三：杀毒软件识别计算机病毒的流程？ 对照指纹识别的流程，尝试说一说计算机病毒的识别流程。 问题四：杀毒软件的基本功能(病毒查杀、病毒预警)？	搜索查找； 认识计算机病毒的识别流程； 了解杀毒软件的基本功能。

（续表）

教学过程	教师活动	学生活动
活动二	活动二：试用杀毒软件 1. 杀毒软件操作要求： （1）观察杀毒软件的界面，尝试更新病毒库，思考更新病毒库的原因； （2）两人小组协作，思考全盘扫描和快速扫描的区别； （3）拓展：自定义扫描的功能是什么？ 2. 思考：计算机病毒可以通过网络和移动设备等传播，小明在打印店使用过的优盘，回到家后在接入自己的计算机前应该怎么做呢？ 3. 总结杀毒软件的不同扫描模式。 4. 通过杀毒软件的使用误区了解杀毒软件的局限性。	体验杀毒软件的操作与应用场景； 讨论杀毒软件的使用误区和局限性。
活动三	活动三：认识系统防火墙 1. 了解系统防火墙； 2. 根据提示，尝试操作查看系统防火墙； 3. 如何看待关闭防火墙，不安装杀毒软件的行为？	了解更多个人隐私的防御方式。
总结	1. 小结； 2. 总结单元活动。	回顾总结。

第二节　技能教学设计与实践

　　信息科技学科中的操作技能一般都需要以软件工具为载体，形成技术相关的能力。技术能力是基于学生对软件工具有一定熟悉和应用后，对软件工具的价值产生的思考。学生要通过一定量的或螺旋递进式的操作练习，才可能比较熟练地掌握这种软件工具，才可能就软件工具的使用价值展开一些思考，有了这些思考，才能合理选用工具、有效加工处理信息。因此，在信息科技技能教学中，操练法教学是一种比较重要的教学方法。这种方法既类似理科类教学中的"演示实验"，又与文科中的"练习"类似。结合信息科技学科的特点，使用技能教学一定会有学科自身的特质。

一、技能教学设计的一般要求

技能教学的目标是把学生技能作为教学目标中的重点,教学体现学生技能学习的主体性和自觉性。一般来说,技巧性学习活动比较适合技能教学,例如小学生编程软件的学习或自定义动画的技能学习,尤其是当教学目标中对学生有一定的熟练掌握程度要求时,教师要关注学生可以在实践操作中展开思考,通过持续地实践操作提升信息科技技能。教师在采用技能教学时要关注以下几点。

(1)合理组织技能操练的前后次序,帮助学生层层递进展开技能练习,让技能练习真正体现熟练掌握;

(2)实际操作要把握节奏,技能教学要注重能力培养。技能的应用不必回到传统的"软件手册"教学方式,而应注意信息素养的有意识渗透;

(3)练习难度系数必须有等级和梯度方向。实际操作和练习是以可分层方式进行的。要用前一个练习启迪后一个练习,但后一个练习不简单重复前一个练习,螺旋式推进,提高学生的技能。

二、技能教学设计的策略

技能课堂教学是信息科技技能实践操作的独特方法。一般来说,使用技能教学必须考虑以下几方面的问题。

1. 基本要领

关键是要强调练习的要点或为学生指出练习的方向。基本要领是学生实践的基础和实践的起点。基本要领要关注多种方式的运用,例如讲授法、演示操作法等,要让学生了解技术运用情境,在理解技术运用的作用的前提下,开展实践操练。

2. 基本操作练习

提升技能要从浅入深。所以,技能教学的关键要让学生能尝试和体验软件的技能的应用。

3. 综合操作练习

要重视把技能学习与日常生活应用关联起来,把技能学习与问题解决关联起来。信息科技学科技能培养的目的,本质上是为了学生在掌握一些软件的基础上,可以用技术解决日常生活和学习中涉及的技术问题。技能教学的根源也在于这一点,即在不断实践的基础上,多任务实践,循序渐进,最终使学生掌握并应用某种技术。实践经验证明,技能教学对技能的培养和提高有明显的实践作用,主要表现为以下三方面:一是提高学生动手实践和使用的主动性;二是帮助学生能够通过熟能生巧掌握一定软件的使用技巧;三是引导学生能应用所学信息技术解决问题。就信息科技学科的操作技能教学而言,技能教学可分为以下三个步骤。

步骤一:导学

在应用技能教学之前,教师必须明确提出技能教学的目的,对技能操作过程中可能遇到的问题进行详细介绍,帮助学生开展后续的实操练习,使学生的实践可以有针对性。

步骤二:简单操练

技能练习大多都基于软件而进行。所以学生先要能够对软件进行一些简单的操作,知道软件的主要功能,这样才能为后续熟练掌握软件做一些基础准备。

步骤三:综合操练与总结

学生掌握一些基本的技能后,教师还要考虑如何提高学生的实践能力,让学生可以对所学的技能加强掌握,从而达成能够熟练应用技能的目的。一般课程标准中涉及"加工处理""合理选择工具"等要求,就是要求技能教学达到综合应用的程度。所以,教师在设计综合练习时,首先要充分考虑让学生利用软件来解决各种实际问题;其次,为了更好地实践,一般还可以综合使用多种教学方法。

当然,教学方法的使用取决于它是否是科学规范的。技能教学也是一种将管理权力交给学生的学习方式。有一些实际操作,技术上简单,实际操作复杂度不高,但其中蕴含的创造性思维比较丰富,属于基础实践。学习应用软件的目的不是为了更好地学习应用程序,而是为了更好地使用软件来处理具体问题。因此,为了更好地运用技能,教学不能局限于简单的练习,而是要多变练习,要有综合练习。应用性技能教学要注意一些细节,首先,它需要与其他方法结合应用;第二是整合技能,具体有效地选择技能进行教学,根据教学目标给学生留足实践时间;第三是使用技能教学要避免机械式教学,在技能实践时要注意分析技术价值和培养信息素养。

案例4-5:小学《信息搜索》教学片段(案例提供者:上海市闵行区平南小学 白巧变)

在《获取信息》主题单元中,培养学生养成合理使用网络信息的习惯,以及提升学生的信息意识是本单元的核心。本案例《信息搜索》一课采用问题挑战的形式,通过"从短句中提取关键词——长句中提取关键词——自己设计关键词"系列教学环节,引导学生学会使用关键词,在不断尝试和体验的过程中,合理地选择信息、负责任地发布信息,在使用信息时学会对信息进行判断和筛选,提升学生的信息意识;同时在分享和交流信息时,引导学生尝试选用适合的方式表达信息,乐于和同伴进行合作探究,能够有意识地分享有价值的信息,感受合作的重要性。

问题搜索挑战一:以短句"蝙蝠的天敌是谁?"为问题搜索,引导学生提取问题中的核心词语,来确定关键词进行搜索。在问题搜索挑战一中,学生在尝试解决问题中发现:对于同样的问题,输入不同的内容搜索的答案却相同。带着这样的问题,学生通过观察发现输入的这些内容中有共同的词语,这就是问题的关键词,所以在检索信息的时候直接输入问题的关键词就可以得到结果。

问题搜索挑战二:以长句"蝙蝠是一种会飞的哺乳动物,具有敏锐的回声定位系统,那么它有多少种呢?"为问题搜索,让学生在长句中辨别问题的核心语句,抓住问题的核心要点,提取关键词进行搜索,也是对上一挑战中学习的提取核心词语的技能运用。有了前面使用关键词搜索信息的经历,这一次同学们可以迅速准确地找到问题的关键词,但是他们输入的关键词基本一致,搜出来的答案却各不相同。面对这样的结果同学们露出惊讶的表情,他们陷入困惑,同样的问题"蝙蝠有多少种?",为什么出现了不一样的答案呢?再一次引发学生的思考,该选择哪一个呢?这时老师提出"说说看,你觉得哪一个信息比较可靠?"启发学生的思考。老师请同学们分享想法后,顺势追问:"用网络搜索到的信息,你还会直接使用吗?"学生们没有了一开始的困惑,而是纷纷告诉老师:"使用网络信息的时候要对信息进行判断,选取可以相信的信息,比如官方网站发布的信息,或是比较可靠的网站发布的信息。"

问题搜索挑战三:如何解释蝙蝠在不同地方的寓意?在没有关键词的情况下,该如何寻找关键词来解决生活中的问题。这就需要学生自己通过思考获取关键信息,设计关键词进行检索。阅读搜索的结果并进行对比,最终用"蝙蝠象征、蝙蝠寓意、蝙蝠意义……"检索出来的信息可以解释问题中的现象。在这个过程中,学生不仅学习了运用关键词进行搜索时,可以寻找"同义词或者近义词"的方式改变搜索思路来解决问题,还了解到蝙蝠在中西方文化中有着不同的象征意义。

案例解析

"信息搜索"是小学获取信息的单元内容。一般,教师都会安排分开学习排序和筛选。本案例是以探究蝙蝠的秘密为问题载体,采用挑战闯关的方式,从短句中提取关键词、长句中提取关键词、自己设计关键词三个层面,引导学生开展蝙蝠的探究活动,活动中学生能根据教师启发性的问题,逐步优化信息获取的路径,在潜移默化中学会如何正确获取信息,并在对信息进行判断和筛选的过程中,进一步提升合理使用信息的意识与能力。因此,设计挑战适度的学习任务是决定课堂教学成功与否的关键。

（1）重视学生成长的需要,设计技能教学任务时,不能因为课堂时间紧、内容多就选择过于简单的任务,或者时间充足就设置超出学生能力范围太多的困难任务。教师设计学习任务时要考虑学生已有的能力水平,分析学生通过学习后能达到的能力水平,着眼于学生的最近发展区,设计适当难度的任务,充分调动学生的学习积极性,激发其潜能,使其真正的成长。

（2）设计的技能教学任务,要为学生提供适当的支架,凭借这个支架,他们能借助已有知识去获取新的知识,而不是阻碍他们的成长。

（3）适度的技能任务,适当难度、适当角度的学习任务,是搭建在学生"最近发展区"里合适位置的脚手架,能帮助学生成长,切实锻炼学生的学习能力和利用信息技术解决问题的能力,真正提升他们的信息素养。

三、促进学科素养提升的技能教学实践

在信息科技的学习技能和实践方面,部分学生对教师讲授和演示的依赖性强,喜欢模仿,但独立操作能力较差;也有喜欢学习思考疑难问题的学生,独立操作能力强,喜欢自我探索和尝试,不愿意简单地模仿。因此学生之间在技术技能水平上的差异也比较大。遇到这种情况,教师要对任务或练习难度层次有一定的设计,针对独立操作能力较弱的,应该给予更多的关注和具体的指导,或者给出详细的文字和实例教程;针对操作能力强、不愿跟风的学生,教师可以通过多种方式促进他们的学习和实践,例如提供拓展要求、给予操作难度高的任务,或者必须具备综合能力的使用技能等,高起点的学生也可以和低起点的学生配对,这样可以提高他们在异质分组中解决问题的能力。

信息科技教师对技能的教学并不陌生。但是,在新课改理念下,要实现学生信息素养培养的教学目标,教师不但要有较好的专业素养,还要对一些软件操作有更为全面的掌握,这样才能灵活运用技能教学,设计有递进的实践操作。此外,信息技术软件和工具的快速迭代,教师一方面要研究教学方法,还要对新的软件技术开展研究,要研究软件的教学价值和软件背后承载的学科文化内涵。这样,教师在提高学生技能的同时,还可以提高学生在技能教学中的信息

素养。

　　教师需要提高自己的专业技能和专业素质。一方面要较为精通教学涉及的软件实际操作,另一方面还要有一定宽广的技术视野。在设计技能教学练习时,可以准确、合理地为学生设定教学目标,为学生提供很强的指导力。当然,教师还应该在教育和教学水平上积累技巧和经验,在教学过程中及时尝试和思考,及时控制教学细节和教学方法的要点,并不断提高自身的专业素养,在思考和实践互动活动中,使技能不断得到提高和发展。

案例4-6: 初中《信息技术发展中的人和事》单元教学设计(案例提供者: 上海市文来中学初中部　卢慧玲)

【单元整体结构】

　　“多媒体演示文稿制作”是2017版《上海市初中信息科技学科教学基本要求》第六单元“信息表达与交流”的一个章节,通过第四单元“信息收集与管理”和第五单元“信息加工”内容的学习,学生已经学会使用计算机网络搜索网络信息资源并体验运用文字处理软件处理文字、图片等信息的过程,有信息筛选和加工的基础,为信息表达与交流提供了有力的支撑,本单元旨在通过以演示文稿工具软件为载体的学习,尝试根据信息表达目的、合理运用技术呈现信息,解决实际问题。学生在体验多媒体演示文稿制作的过程中,对常用信息表达工具的特点、多媒体作品内容设计、多种媒体信息集成的方法与步骤有一定的了解,对合理使用计算机技术表达作品意图有初步的思考,为后续其他信息交流工具及第七单元“新技术体验和探究”做好铺垫。所以,在依据学科基本要求进行单元规划时,把“多媒体演示文稿制作”独立规划为一个单元。

　　本单元的学习以“信息科技发展中人和事”为项目主题进行,尝试在信息科技教学中,采用技术主线与文化艺术主线相结合的方法,渗透科学学科发展的历史事件,有利于学生丰富和拓展信息科技学科的人文性。根据“信息技术发展中的人和事”的文化主线任务,在了解信息科技发展趋势中,感受科技工作者的设计和创造的智慧。本课的技术主线,主要是感受演示文稿软件的一些功能。项目活动设计来源于日常生活,贴近日常生活。它使学生能够记录技术发展趋势的轨迹,跟踪技术背后的作用和个人行为,并根据科技的演进过程了解信息技术的进步和社会发展的相互关系,是单纯掌握某些技术所不能产生的人文情怀。本单元尝试通过一个5课时活动,让学生围绕这一主题在学习演示文稿软件功能基础上,培养合理表达信息的能力。

【单元知识点和教学方法】

单元核心概念	单元重要概念
概念1：信息加工	概念1-1：文字信息的加工
	概念1-2：文字信息的图示化操作
概念2：信息表达	概念1-3：多种媒体信息的加工
	概念2-1：多媒体作品内容设计
概念3：多种媒体信息	概念2-2：多种媒体信息的集成
	概念2-3：多种媒体信息的展示
	概念3-1：图片编辑的基本操作
	概念3-2：运用多媒体处理软件编辑和加工不同媒体的信息

相关概念结构图

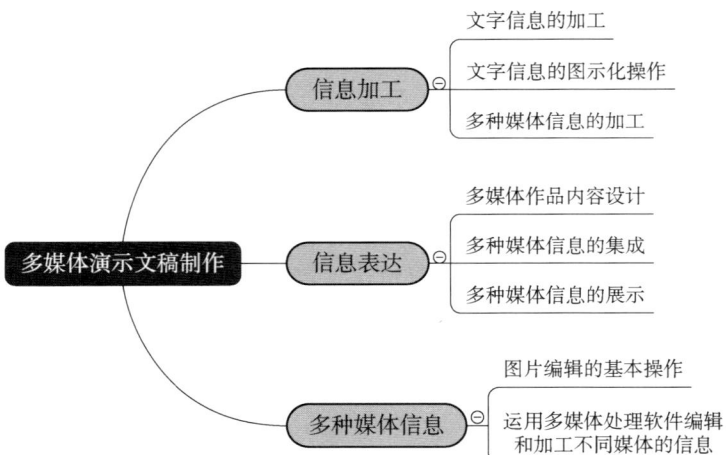

核心概念和生活相关性举例	概念提出背景及当前概念的新发展
概念1：信息加工（在分析原始信息的基础上，将其中蕴含的内容进行提炼、归纳、转换与重组，形成新的有效信息的过程） 概念2：信息表达（包括表达工具的选择、方法的使用和表达作品的设计） 概念3：多种媒体信息（包括图片、视频与音频信息）	信息加工是信息处理中承前启后的关键环节，选择合适的软件，对原始信息集成、编辑和加工，形成更具价值的有用信息，体会信息加工的意义和价值。信息表达是将加工后的各种信息，以恰当的方式组织在一起，形成符合需求的多媒体作品，并以合适的形式展示。

（续表）

学生认知起点	
初始概念调查： ☑ 问卷调查 ☐ 课前访谈 ☐ 课前问答 ☑ 课前作业 ☐ 其他：＿＿＿＿	片面之处：大部分学生在小学学习过多媒体演示文稿工具软件使用方法，对多媒体作品制作非常感兴趣，但对于信息的加工和表达认知仅仅停留在纯技术操作与实践层面，喜欢直接堆砌信息，不加以筛选，缺乏对作品整体合理的设计与思考。 错误之处：部分学生在小学阶段所制作的多媒体演示作品，大多停留在直接展示文本、图片信息的简单应用或者技术的简单堆砌上，不能合理使用技术去更好地展示信息，不知道信息加工的意义和价值。

单元教学方法简述

信息社会对信息科技学科培养的学生要求，不仅限于会计算机软件或工具的简单操作，更多的是可以根据需要，合理使用各种信息技术工具收集、处理、加工、表达信息，甚至能够创造性地解决各种实际问题，单元教学始终围绕这一要求开展。

1. 通过观察启发思考，引导学生思考解决问题的一般步骤。

在单元每个活动学习的开始，通常让学生观察最后要完成的作品的实际效果，分析作品的组成元素及特点，确定学习目标，例如封面幻灯片由图片和文字组成，要设计一张具有吸引力的图文封面，需要经历选图-修图、选字-修字阶段，再如制作历程时间轴，让同学们观察时间轴，了解和接受文字图形化美化版面是一种非常好的表达方式，观察范例，分析时间轴的组成要素的特点，引导学生思考解决问题的一般步骤，将大量的文字提炼出关键时间和事件，将部分或所有的文字内容，转化成图片或图标等图形，或配以图形、图片、图表，加工成有利于表达和传递的形式，替代或强化文字内容，使得幻灯片有更强的表现力。多方面帮助学生对观察到的信息进行梳理和思考，这样，学生接下来的作品制作就能轻松进行设计了。

2. 演示操作时，注重培养学生"解决问题的基本能力"。

在教学信息科技基础知识及技能的学习和使用中，注重引导学生观察信息技术工具的特点、功能和应用规律。掌握上述规定，学生才能具备独立工作的能力，能够从容地面对不断创新的各种工具和软件，在未来的学习和生活中充分利用好信息技术。例如：如果需要处理图片时，选中图片，信息技术工具会出现图片处理相关工具，此时引导学生观察菜单栏的变化，一起发现图片工具格式选项卡，试用图片处理相关的工具；引导学生利用好信息技术工具提供的帮助，例如：将鼠标移到命令按钮上，信息技术工具会出现相对应的"帮助"功能。

3. 通过让学生先设计草图，再实践创作，让学生体验制作作品的一般步骤。

从创作思路、作品构思到作品创作，层层深入，帮助他们围绕主题规划设计、制作修改，一步一步地创作个性化作品。在创作作品过程中，重视设计和规划，个性得到充分的发展，而且信息素养得到进一步培养和提高。

4. 通过学生自主学习与设计，培养学生可持续创新思维能力。

不同的学生有不同的学习起点，学习的宽度、深度都有所不同，为了更好地实现因材施教，基于我校学生技能学习的需求，关注学生技能学习能力的培养，教师设计一些学习帮助，引导学生开展自主学习，促进学生自主学习能力的提高，按需学习也满足了有学习能力的学生的要求。真正保证了学生的分层教学，将知识拓展到课后阶段。例如，在制作时间轴中，向学生提供了形状的相关帮助，为学生独立开展创意设计提供支架。帮助提供的有关形状作品的图形表现形式各式各样，在为学生提供支架时，还可以培养学生的创造性思维能力，为可持续理念下的学生能力培养奠定了良好的基础。

【单元目标】

（1）学生将要掌握的学科知识：

① 知道演示文稿软件界面的基本组成；

② 学会演示文稿的创建、编辑与修饰；

③ 掌握演示文稿播放的基本操作。

（2）学生将发展的能力：

① 能够对资料进行筛选与进一步的处理，融入自己的观点，加工处理成属于自己的信息；

② 在探究式的自主学习中，能克服困难，积极思考，勇于创新；

③ 能够根据主题需求，合理规划演示文稿作品结构和文字内容，有创意地设计作品并制作实现；

④ 能够根据主题、受众、展示场合，合理设定演示文稿放映方式。

（3）学生将形成的观念：

① 通过了解信息技术发展过程中各种软硬件的相关知识，对信息科技学科产生兴趣；以科技为人服务的本心，正确使用和利用新技术，提升核心素养；

② 通过项目活动，体会演示文稿中信息表达的多样性，养成合理表达信息的意识。

③ 在使用设计并制作应用创意作品的过程中体会到乐趣。

【单元教学过程设计】

单元课时和安排
单元所需课时：5
第1课时：信息技术发展中的人和事　第一课时(确定主题，作品规划)
第2课时：信息技术发展中的人和事　第二课时(图文之力，作品设计)
第3课时：信息技术发展中的人和事　第三课时(作品设计，图说历程)
第4课时：信息技术发展中的人和事　第四课时(动态历程，设置链接)
第5课时：信息技术发展中的人和事　第五课时(展示交流，评价小结)

第1课时　信息技术发展中的人和事(确定主题，作品规划)：通过"信息技术发展中的人和事"的文化主线，体会信息技术发展过程中技术工作者设计与创造的智慧，了解信息技术发展过程中各种软硬件的相关知识，了解信息科技发展的历程，体会信息技术与社会的互动关系，有助于学生丰富与拓展信息科技学科的人文性。重视设计和规划，层层深入，帮助学生围绕主题进行作品构思，形成创作思路。

第2课时　信息技术发展中的人和事(图文之力,作品设计):《图文之力》一课通过封面、产品幻灯片的制作,熟悉图片的选图、修图以及文字的选择、美化等基本操作。

第3课时　信息技术发展中的人和事(作品设计,图说历程):信息技术发展过程中,会出现大事记、历程等相似信息,而最常用的处理方法就是用时间线(时间轴)来展示,可以直观、清晰和简单的排版,因此,《图说历程》选择了用时间轴的方式表达信息,制作发展简史幻灯片,学生需进一步学习筛选信息,将文本、图片加工成有利于表达和传递的形式,形成作品。学习本节课知识,可以帮助学生掌握文本、图片、形状等对象的恰当、灵活使用,进一步了解演示文稿软件的强大功能。

第4课时　信息技术发展中的人和事(动态历程,设置链接):让历程动态化,根据需要合理设置作品对象的动画效果,设置超链接,同时还要关注这些技能的功能以及应用的场合,提升交流效果。

第5课时　信息技术发展中的人和事(展示交流,评价小结):围绕信息的表达与交流展开学习,设计具体、可操作的评价,通过分享各自的作品,学生们相互了解最新的、对学习、生活有用的信息技术,开拓学生思路,培养学生的学科能力,同时,体会演示文稿中信息表达的多样性,取长补短,养成正确使用和利用新技术、合理表达信息的意识和能力。

【单元教学评价】

大部分学生在小学阶段已经初步了解了演示文稿软件编辑环境,但学生对幻灯片的整体规划和信息筛选能力有限,往往会给幻灯片设置过多的内容,结果造成整体效果杂乱无章,使人眼花缭乱,干扰信息的表达。因此教师要适时地引导学生合理地处理和表达信息。在评价学生的作品时,不仅要看是否掌握了技术,还要看能否有效应用。国际上得到广泛认可的是如何使用技术比技术本身更重要。因此,教师在正确对待学生作品的同时,还要关心学生学习的过程和方法,要关注学生的个性化、计算思维能力、情感态度和价值观等方面的全面发展。基于此,在评价中融入对学生信息素养的考查。设计以下单元项目评价表:

单元项目评价表				
评价项目	评价标准	自评	互评	师评
解决问题	能根据需要筛选信息、选择合适的信息技术工具并正确使用相关功能,灵活运用已有知识解决问题,并帮助小组同学。			

（续表）

评价项目	评 价 标 准	自评	互评	师评
作品制作	能选择合适的素材和适当的信息加工工具,作品主题突出、个性鲜明,且整体美观协调。			
合作交流	能主动发表观点,认真倾听同伴发言,能对他们的作品提出有用的建议。			
作品展示	能用多种形式,条理清楚地展示自己的作品,并在展示过程中与听众进行有效交流。			
课堂表现	能专心听讲,轻声讨论,并督促同伴遵守纪律。			

【分课时教学设计】
第一课时——确定主题,作品规划

本课时	确定主题,作品规划

本课时学习目标

知识与技能:

1. 能够围绕主题搜索图片和文字资料;

2. 学会文件新建与保存、幻灯片的新建与删除、幻灯片的设计(页面设置、主题)。

过程与方法:

1. 通过明确要求,搜索合适的图片和文字资料;

2. 通过与文字处理软件的比较,知道演示文稿软件的基本界面与基本功能。

情感态度与价值观:

通过了解信息技术发展过程中各种软硬件的相关知识,对信息科学学科产生兴趣,怀着科技为人服务的本心,提升核心素养。

教学重点:通过与文字处理软件的比较,知道演示文稿软件的基本界面与基本功能。

教学难点:通过与文字处理软件的比较,知道演示文稿软件的基本界面与基本功能。

课前准备:多媒体课件,学件。

教学过程:

环节	教师活动	设计主线	技术主线
项目导入	科学技术日新月异,新生事物层出不穷。越来越多的高科技产品给人们带来便利。还有哪些产品让你感兴趣或好奇?高科技产品背后有很多精彩的人物和事迹,让我们一起分享。	回答问题。认真倾听,明确内容。	

（续表）

环节	教师活动	设计主线	技术主线
项目信息	分享计算机发展史上的重要事件，可以研究硬件和与之相关的故事。 1. 著名电脑公司的故事，如 IBM、HP、苹果…… 2. 计算机硬件的故事，如 CPU 的发展史、内存的故事、打印机、智能机器人、VR 的故事…… 3. 在硬件发展过程中，有影响力的人，如计算机发展过程中举足轻重的人的故事…… 可以研究系统软件、应用软件和与之相关的故事。 1. 著名系统软件公司的故事，如 Windows、安卓、苹果…… 2. 著名应用软件公司的故事…… 3. 文字处理软件如 WPS、Word…… 4. 电子表格软件如 WPS、Excel…… 5. 媒体播放软件如超级解霸、优酷…… 6. 网络、通信软件如 QQ、微信、Hotmail、Facebook、百度、谷歌、淘宝、当当…… 7. 图片、视频编辑软件如 Photoshop、Fireworks、光影魔术手、美图秀秀、Acdsee…… 8. 压缩软件、杀毒软件…… 9. 著名创始人的故事，如任正非、求伯君、张小龙、李彦宏……	1. 了解项目活动； 2. 思考可以研究硬件和与之相关的故事； 3. 认真倾听，思考自己所感兴趣的软件。	
确定主题	引导学生完成主题的确定。	确定主题。	
作品规划	<table><tr><td>幻灯片编号</td><td>文字内容</td><td>多媒体元素（图片、音乐、视频）</td></tr><tr><td>1</td><td>主题</td><td>与主题有关的素材</td></tr><tr><td>2</td><td>产品介绍</td><td>与产品介绍有关的素材</td></tr><tr><td>3</td><td>发展简史</td><td>与发展过程有关的素材</td></tr><tr><td>4</td><td>分享的理由</td><td>与分享有关的素材</td></tr></table>	明确任务。	
查找资料	布置任务：根据主题要求，查找资料。	1. 明确任务要求，网络搜索资料； 2. 在规定时间内完成任务。	资料的搜索。

（续表）

环节	教师活动	设计主线	技术主线
作品初建	1. 打开演示文稿软件,观察软件界面,与文字编辑软件界面相比较,它们之间的相同点与不同点; 2. 文件新建与保存; 3. 幻灯片的新建与删除; 4. 幻灯片的设计(页面设置、主题)。	认真观察并比较。	学习演示文稿的新建与保存;学习幻灯片的新建与删除;尝试设计幻灯片的页面设置、主题。
总结	总结。		

第二课时——图文之力,作品设计

本课时	图文之力,作品设计

本课时学习目标

知识与技能：

能够根据主题,选择合适的图片,插入幻灯片并适当修图;

能够根据主题,选用合适的文字,并通过文字修饰工具进行合理的文字排版;

能够制作符合主题,吸引读者注意的演示文稿幻灯片。

过程与方法：

通过选图修图活动,掌握选图技巧和修图方法;

通过选字修字活动,掌握选字要求,合理运用格式设置来修饰文字的方法。

情感态度与价值观：

通过活动,体会演示文稿中信息表达的多样性,养成合理表达信息的意识。

教学重点：根据主题选择合适的图片,并合理地进行图片和文字处理。

教学难点：能够根据主题、预期对象合理地进行图片和文字处理。

课前准备：多媒体课件,学件。

教学过程：

环节	教师活动	设计主线	技术主线
项目回顾	通过提问方式,引导学生回忆已学过的相关内容。	回答问题,回忆已学习的内容。	项目进展回顾。
封面构成	1. 通过分享,总结幻灯片封面的作用并引导学生分析幻灯片元素基本构成：图片,文字; 2. 设计一张具有吸引力的图文封面主要经历的阶段; 选图→修图;选字→修字	1. 知道封面幻灯片元素的基本构成; 2. 了解封面设计时图文制作的注意点。认真倾听,明确课时内容; 3. 认真倾听。	感受演示文稿美化的作用以及要素。

（续表）

环节	教师活动	设计主线	技术主线
封面构成	3. 引导学生分析什么样的封面是能够吸引读者的； (1) 背景图片分辨率高、符合主题； (2) 文字摆放是否清晰，字体设置是否突出主题。 4. 说明本节课主题：设计小组演示文稿的封面。		
选图修图	引导学生完成"选图修图"活动： 1. 插入合适的图片 尝试将图片插入至幻灯片中； "插入"菜单栏—"图片"按钮—选择图片 2. 修图 引导学生观察演示文稿菜单栏，图片格式选项卡； 裁剪处理： (1) 去除多余部分。 (2) 将图片裁剪为圆形、三角形、多边形等形状 改变所选对象图层位置。 3. 活动：利用图片格式工具，合理美化图片。	1. 完成"选图修图"活动； 2. 选择搜索的图片并插入作品中； 3. 观察同学展示，认真倾听教师总结图片的修图过程； 4. 观察演示文稿界面，根据作品需要修图。	自主选择幻灯片，在对比过程中发现文字可视化为图片的过程； 学习演示文稿中插入图片、改变图片形状、调整图片图层的方法； 交互课件让学生根据自己的学习特点个性化学习对象格式，修饰演示文稿封面的过程。
选字修字	引导学生进一步观察，尝试发现演示文稿封面文字的设计特点： 关键词强调显示， 主题位置合理。 引导学生完成"选图修图"活动： (1) 浏览"文字之美"帮助文件，自主选择方法修改幻灯片中的文字设计； (2) 学生展示封面文字设计，总结文字设计中都必须先选中文字对象，才能进行下一步的美化，同时应注意文字设计要与背景区分，方便观众浏览。	1. 观察"封面"演示文稿，尝试发现封面文字的设计特点； 2. 完成选字修字活动。 (1) 自主学习交互课件中的内容，选择方法幻灯片中文字设计； (2) 认真倾听。	交互课件让学生根据自己的学习特点个性化学习，利用字体和对象格式修饰演示文稿封面的过程。

（续表）

环节	教师活动	设计主线	技术主线
产品介绍幻灯片构成	引导学生进一步观察，尝试发现演示文稿封面与产品介绍幻灯片组成元素的设计特点； 引导学生思考选字、修字的重要性。 引导学生观察修字的技巧 任务：筛选图片和文字信息，合理美图、修饰文字，制作产品介绍幻灯片	观察"产品介绍"演示文稿，尝试发现封面产品介绍与封面元素的设计特点。 认真倾听。 完成任务。	完善项目活动，巩固新知。
方法总结课后延伸	1. 总结根据内容修饰、美化演示文稿封面、产品介绍幻灯片的方法； 2. 布置课后任务：小组完成基本内容的修饰与美化。	1. 认真倾听并记录； 2. 在规定时间内完成任务。	

课后反思：

第三课时——作品设计，图说历程

《作品设计，图说历程》教学设计

教学设计说明：
《作品设计，图说历程》是项目活动《信息技术发展中的人和事》的第三课时，第一课时学生确定主题、收集资料，第二课时制作了演示文稿的封面和产品设计幻灯片。在信息技术发展过程中，会出现大事记、历程等信息，利用时间线（时间轴）可以更艺术、更清晰地展示信息，本阶段计划利用形状对象制作发展简史幻灯片，用时间轴的方式图说历程，形成作品。计划用两课时完成本阶段，第三课时设计时间轴，再初步形成时间轴框架，第四课时完成并完善时间轴，添加合适的动画效果，本节课为第三课时。

本课时学习目标
知识与技能：
1. 掌握形状的绘制；
2. 学会形状的填充、轮廓、组合等设置；
3. 学会在形状上输入文字。
过程与方法：
1. 体验规划，设计时间轴表现历程的过程；
2. 尝试运用演示文稿形状工具组成合适的时间轴，合理呈现信息。
情感态度与价值观：
通过时间轴的创作，提高筛选信息、表达信息的能力。

教学重点和难点：运用演示文稿形状工具组成合适的时间轴，合理呈现信息。

课前准备：
教师：多媒体课件，拓展案例，帮助。

教学过程：

（续表）

环节	教师活动	设计主线	技术主线
导入	项目回顾,明确任务。 引导学生观察文字图形化后的效果,提出时间轴的概念,导入课题。	了解用时间轴能图形化表达信息。	
明确时间轴组成元素	1. 引导学生明确时间轴"文字"的特点。 　引导学生思考如何处理时间轴所需的文字。 2. 讨论实例。	知道处理文字信息的目标:找重点;方法:关键词;学会删除。 引发思考。	
	1. 引导学生明确时间轴"形状"的特点。 　展示一组时间轴,引导学生观察时间轴的组成。 2. 引导学生归纳时间轴的形状特点: (1) 一个主轴:清晰地表达时间顺序; (2) 时间节点:图形相对统一。	观看实例,引发思考;知道时间轴的特点。	对演示文稿的基本形状有初步印象,知道组成时间轴的基本形状。
	小结:时间轴"文字""形状"的特点。	梳理知识。	
设计时间轴草图	1. 布置任务:学习单时间轴作品设计; 2. 组织交流。	设计时间轴草图。	使用基本形状设计时间轴节点。
制作时间轴幻灯片	1. 制作首个时间轴节点和主轴: 教师展示基本形状的插入,引导学生观察格式选项卡基本命令。 2. 布置任务: (1) 根据设计草图绘制时间轴,完成首个时间节点; (2) 设置时间轴的文字; (3) 根据需要改变形状格式。 有需要的同学通过自主学习"图说历程帮助"完成尝试。	根据设计草图,尝试用演示文稿设计时间轴形状。	根据设计,绘制所需的形状,尝试设置形状的填充、轮廓、线型; 为形状添加文字,通过知识迁移,进行设置。
	1. 复制多个时间轴节点: 首个节点制作完成后,组织探讨如何更快更便捷地完成相似节点的制作。 2. 布置任务: (1) 单个时间节点变多个时间节点; (2) 根据需要改变形状格式; (3) 设置时间轴的文字与图片。 3. 组织交流。	根据需要设置形状格式; 交流时间轴的设计心得。	可能用上的技术:形状的组合、旋转、对齐。 通过复制粘贴制作多个节点。 进一步制作时间轴;交流制作过程中的技术问题和解决方法。
归纳小结	师生共同回顾和小结课堂学习。		

第四课时——动态历程, 设置链接

本课时	动态历程, 设置链接

本课时学习目标

知识与技能：

1. 能够根据内容设置合适的自定义动画效果, 制作符合主题、吸引读者注意的演示文稿幻灯片；
2. 能够根据主题设计恰当的超链接作品。

过程与方法：

1. 通过综合实践, 体会设置动画效果的方法；
2. 体会根据主题设计恰当的超链接作品并制作实现的过程。

情感态度与价值观：

1. 尝试设置合适的动画效果来加强呈现信息的效果, 凸显关键信息；
2. 通过综合运用动画效果创作作品, 提高数字作品制作能力；
3. 通过对自己及他人数字作品的评价, 提高审美能力。

教学重点：

1. 根据主题选择合适的动画效果加强呈现信息的效果, 凸显关键信息；
2. 能够根据主题设计恰当的超链接作品并制作实现。

教学难点：

1. 根据主题选择合适的动画效果加强呈现信息的效果, 凸显关键信息；
2. 能够根据主题设计恰当的超链接作品并制作实现。

课前准备：

教师：多媒体课件, 学件。

教学过程：

环节	教师活动	设计主线	技术主线
项目回顾	通过提问方式, 引导学生回忆已学过的相关内容。	回答问题, 回忆已学习的内容。	项目进展回顾。
动画沟通的艺术	1. 通过分享自定义动画案例, 并引导学生思考自定义动画的作用。 2. 设计策略： 根据主题内容表达需要, 合理选用动画效果； 动画效果的作用是画龙点睛, 不适合太多, 否则影响播放观感, 造成主体不突出； 动画效果要协调一致, 例如动画的风格与整体的布局要一致。 3. 引导学生分析什么样的动画能够吸引读者。	1. 知道自定义动画的作用； 2. 了解自定义动画设计时的注意点。认真倾听, 明确课时内容； 3. 认真倾听。	感受演示文稿美化的作用以及要素。

（续表）

环节	教师活动	设计主线	技术主线
设置自定义动画	引导学生完成"动态时间轴"活动： 1. 选取动画对象和效果； 2. 调整多个动画播放顺序； （1）引导学生观察演示文稿动画选项卡； （2）引导学生观察动画窗格。 3. 按需要设置自动启动动画时间。 介绍结合式动画，布置任务：根据需要设置，完成动感的演示文稿作品。	完成"动态时间轴"活动； 1. 选择动画对象和效果； 2. 观察同学展示，认真倾听； 3. 观察演示文稿界面，根据作品需要设置动画时间。 根据需要设置，完成动感的演示文稿作品。	学习演示文稿中自定义动画的方法； 自主选择幻灯片，在自定义动画中发现掌握动画设置的过程； 个性化学习，学习结合式动画，设置幻灯片的标题以及需要强调突出的内容。
设置超链接	1. 以人工智能机器人的发展历程为例，阿西莫夫提出了"机器人三定律"，具体是指：引导学生思考超链接的作用，了解演示文稿中的超链接，是指按内容链接，创造了在一个故事中随意跳跃的能力，非线性讲故事的标记； 2. 超链接的作用和设置步骤； 3. 布置任务：根据主题设计恰当的超链接作品并制作实现。	1. 讲动态历程故事，引导学生思考，时间轴上的信息过于精简，细讲时我们可以准备单独的幻灯片，需要时展示，可以用超链接的方式跳转； 2. 认真倾听； 3. 完成超链接设计活动。	感受演示文稿超链接的作用以及要素； 学会超链接的准确设置； 自主探究超链接的功能。
方法总结课后延伸	总结：根据内容设置合适的自定义动画、设计恰当的超链接并实现作品制作。	回顾总结。	

第五课时：展示交流，评价小结

本课时	展示交流，评价小结

本课时学习目标

知识与技能：
1. 能够根据主题、选择合适切换效果；
2. 依据评价自评、互评。

过程与方法：
1. 通过自评，对本次项目活动查缺补漏；
2. 通过互评，体会演示文稿中信息表达的多样性，取长补短，养成正确使用和利用新技术，合理表达信息的意识和能力。

情感态度与价值观：
1. 通过自评，把握自身的学习水平；
2. 通过活动，拓展思路，培养学科能力。

(续表)

教学重点：项目活动查缺补漏，取长补短，养成正确使用和利用新技术，合理表达信息的意识和能力。

教学难点：项目活动查缺补漏，取长补短，养成正确使用和利用新技术，合理表达信息的意识和能力。

课前准备：
教师：多媒体课件，学件。

教学过程：

环节	教师活动	设计主线	技术主线
项目回顾	引导学生回忆已学过的相关内容。	回答问题，回忆已学习的内容。	项目进展回顾。
作品评价	任务一：根据评价标准，查漏补缺。 **评价表** 	评价项目	评价标准	自评	互评	师评
解决问题	能根据需要筛选信息、选择合适的信息技术工具并正确使用有关功能，灵活运用已有知识解决问题，并帮助小组同学。			
作品制作	能选择合适的素材和适当的信息加工工具，作品主题突出、个性鲜明，且整体美观协调。					分析吸引读者的作品是什么样的，评价时不能只看是否用了技术，还要看是否能合理运用，因为使用好技术比技术本身更为重要。	对照评价表自评，查缺补漏。
幻灯片放映	引导学生设置放映方式。 添加幻灯片切换特效： 分享： 播放文稿的技巧： (1) 从头开始播放(F5) (2) 从当前幻灯片开始播放（shift＋F5） (3) 结束播放 ● 按〈Esc〉键 ● 快捷菜单命令"结束放映" ● 到最后一张幻灯片后单击	观察展示； 根据需要添加幻灯片切换特效； 观察展示，认真倾听教师分享播放文稿的技巧、放映中的技巧过程。	自主设置幻灯片切换效果； 学习演示文稿中播放文稿的技巧、放映中的技巧。

（续表）

环节	教师活动	设计主线	技术主线
	（4）放映中的技巧 ● 右键单击的快捷菜单 ● 只让键盘起作用 ● 显示、隐藏鼠标与工具栏 ● 快速显示黑白屏 ● 随时使用画笔 ● 快速定位幻灯片		
交流评价	任务二：给出评价标准，交流展示： 表见下方	学会倾听和交流，能用多种形式，条理清楚地展示自己的作品，并在展示过程中与听众进行有效交流。	
完善作品	任务三：完善并上传作品。	根据评价表要求以及同学的建议进一步美化作品。	完善项目活动，巩固新知识。
总结	（1）项目总结； （2）课后延伸。	在规定时间内完成任务。	

任务二评价表：

评价项目	评价标准	自评	互评	师评
合作交流	能积极发表意见，认真倾听同伴发言，提出很多有用的建议。			
作品展示	能用多种形式，条理清楚地展示自己的作品，并在展示过程中与听众进行有效交流。			
课堂表现	能专心听讲，轻声讨论，并督促同伴遵守纪律。			

第三节　项目活动教学设计与实践

　　项目活动实际上是国际上比较成熟的、着眼于培养学生解决问题和自主探究能力的研究性教学模式，也称为项目学习法或基于项目的学习。在信息科技学科领域，早在 2004 年就明确提出培养和提升中小学生信息素养的主要途径是项目活动,并指出项目活动有助于学生在学技术、用技术的过程中掌握信息技术的基础知识与基本操作,经历体验与探究、合作与交流的学习过程,发展有益于学生可持续发展的情感态度与价值观。《普通高中信息技术课程标准(2017 年版 2020 年修订)》明确指出:"课程倡导基于项目的学习方式,将知识建构、技能培养与思维发展融入运用数字化工具解决问题和完成任务的过程中。"这表明项目活动教学在中小学信息科技学科领域具有独特、重要的应用价值。

一、项目活动设计的一般方法

1. 项目活动中要突出主要环节

设计一个易于使用且出色的项目,一定要从多个层面关注。首先,设计项目时要尽可能包含教学内容,体现对多种知识和技能的有机融合;其次,设计项目的难易程度要适合学生的整体水平;当然,不是每一个项目都可以面面俱到,教师要根据实际培养目标、培养方向,建立最适合的项目。同样,确定主要的环节时,也要依据实际培养目标和培养方向来设计。

在课时数不够充分的情况下,教学突出项目活动的环节显得尤为重要。因此,建议教师在设计所需的几个项目活动时,考虑从第一个项目活动开始逐步突出几个活动环节的方式,逐步使学生了解完整的项目活动环节是什么,并在最后一个项目活动设计时让学生尝试自主实施项目活动的全过程。当然,在现有对明确主题、制作作品和展示交流等环节比较清楚描述的前提下,需要加强对制定评价标准或明确评价标准、收集和处理信息、总结与反思等环节的深入设计。

2. 提供项目活动中对学习过程的指导

项目的活动着眼于学生在学习中的主体作用,不能认为教学的任务得到了缓解。事实上,教师教学的工作职责并没有放松,反而有所加强。因为教学不但要细化主题、内容等方面的问题,还要能够为学生有效开展自主学习、搭建合理而有效的学习支架,让学生能在完成项目活动的过程中遇到困难,可以通过查阅教师提供的帮助而得到有效解决。

流程图是呈现项目活动过程的很好方式,既可以出现在项目活动的初始阶段,让学生在实施项目活动之前对活动的整体和各环节有一个初步印象,并对后续的活动实施提供导向作用,也可以在总结反思阶段,让学生自行用流程图回顾整个项目活动实施过程,帮助学生进行反思总结,并提高归纳总结的能力。

3. 项目活动过程有意义地适度开放

在课堂教学中建立开放的学习环境,包括学习内容、学习过程、学习组织结构等方面的开放性,使学生能在思想和行为方面有比较充分的自由、较大的活动空间、较灵活的时间安排。项目活动的设计要克服"任务驱动"的影响,项目活动不是为单一的软件操作设置任务,以巩固和熟练操作技能,而是让学生的个性在项目活动中能得到充分展现,鼓励探究和创新,在实施过程中形成和提升各种能力,把活动过程中的表现、能力的提高和规范的形成放在比技术的熟练和任务的完成更高要求的位置上,而开放性的研究方向和实施过程更有利于这一目标的达成。

4. 项目活动各环节评价各有侧重且方式多元化

项目活动有着总体和阶段目标,项目活动的评价也要随着各个环节的实施,评价标准各有侧重。建议教师可以提供一些项目活动评价指标,或是引导学生自主制定和不断完善项目活动评价指标,评价要考查学生的操作技能以及信息素养,关注学生情感态度与价值观的形成。

项目活动可采用多种评价方式,包括组内自评与互评、组间自评与互评、教师评价和家长评价等,无论采用哪种方式或方法评价,需要密切关注学生的进步和发展。

二、项目活动设计的基本范式

项目活动设计有四个主要环节,即项目呈现、项目分析规划、项目设计制作、交流评价等。

1. 项目呈现

项目呈现是让学生按照一定的方法,了解项目设计主题。在这个过程中,教师要想方设法结合学生的学习、生活经验、当前社会发展或群体关注的热点、聚焦问题等,设计好主题,激发学生对项目的学习兴趣。在设置与项目主题相关的真实学习情境时,可以从声音、动画、情节、过程等角度,灵活运用多媒体技术。比如播放动画或视频、讲述故事、展示范例作品等,在观看过程中,引导学生分析感受和评价情境。等项目的主题确立之后,教师还可以呈现与项目完成相关的要求和评价标准,以便学生可以在项目的目标引导下开展学习,用评价标准指导项目完成。

2. 项目分析规划

学生明确项目的主题后,分析有效的解决问题方案是非常重要的。这个环节,教师要与学生一起进行互动讨论,帮助学生明确开展本次项目需要做哪些事情,有哪些问题需要解决。同时,教师还要鼓励引导学生充分发挥想象力,激励学生做好项目的决心。在这个环节,教师还可以根据项目的难易度,对学生进行分组,让学生根据自己的兴趣爱好、技术特长、学习能力等组成小组。教师在进行分组时要把握一些基本的原则,例如组内异质与组间同质、教师引导和学生自由分组相结合等。因此,组内异质对学生的协同学习有帮助,可以让不同层次的学生发挥不同能力的优势,提高组内每位学生的自信心,促进自我效能感的提升。群体之间的同质化有利于学生群体之间公平公正的竞争,培养学生的学习竞争观念,协同共进。

在小组学习中,小组成员对项目的任务进行了讨论和分析,并对项目进行了进一步的分析和规划。根据项目的目标和评价的标准,进一步确立必须解决的问题,分析必要的资源和来源等,明确项目的目标和项目存在的不足,并进行了修改。将项目的任务分成几个子任务,根据小组成员各自的爱好、特点和意愿等,进行分工,最终产生更有效的项目任务计划,根据任务计划进行学习和有计划地解决问题。学生可以向教师寻求帮助,教师通过给学生相关学习资料,启发学生思考,建立项目的总体思路。

3. 项目设计制作

整个项目学习过程中最关键的环节就是项目设计制作。在这个环节,学生所花的时间和精力是最多的。此环节学生的任务是根据职责分工,查找项目相关的资源,分析这些信息,选择合适的解决方案,为有效完成项目而服务。例如,学生在分析一个产品的市场销售变化时,可以将收集到的销售数据制成销售趋势图;为了分析地震带来的危害,可以对比相关数据,将其与其他灾害造成的危害进行比较等。在这个环节,教师要细心地观察学生的制作过程,以便及时发现学生完成任务中是否遇了困难,对于个别困难要能够有针对性的指导,对于较多同学的困难可以集中讲解。当然,也要充分相信学生的学习能力和解决问题的能力,鼓励学生通过认真钻研、协作探究,使用计算机顺利解决问题。教师要立即抓住学生的亮点,鼓励他们大胆创新,寻找不同的方式、不同的内容、不同的设计方案。在这一阶段,教师要引导学生进行合理探究、自主探索、积极合作。在整个项目设计制作过程中,学生要积极与团队其他成员交流,在任务的工作进度中相互信任,共同探讨遇到的问题,交流共享资源和学习经验。在此过程中,学生在各自任务完成过程中整合彼此的工作成果,制作出完整的信息科技作品。

另外,要加强这一阶段对项目有效落实的关注,教师可以要求学生在项目活动过程中记录有关过程性的资料,例如,填写项目过程记录表等,确保项目活动开展的有效性。

4. 交流评价

各小组总结项目的思路、计划、方法、最终作品和在项目中学习到的知识和技能、经历和感受,在同学面前进行汇报,并对项目进行个人评价。教师与其他学生一起,根据听作品展、查看过程性记录、组内提问等方式,进行小组项目的情况评价,最终由教师综合考查后进行评价。教师在评价过程中,要强调对亮点进行评价,引导大家讲述自己的项目活动经历,指出数字作品的优缺点,清晰地提出改进建议和方法,逐步改进和提高学习能力。有的时候,还可能产生新的项目任务,使学习成为可以持续发展的过程。交流的目的是为了更好地实现资源共享。这里的资源共享有两种含义,一种是间接的知识和学习技能,通过听取展示、交流等方式,学生可以从中获得新的知识和技能。二是直接体验和感悟,它来自新项目本身的理解所引起的感受、态度和意识等。评价的目的是通过评价更好地推动学生的发展。这里的发展也有双重含义,一是学生自身评价能力的发展;二是考查学生学习能力的发展。

三、促进学科素养提升的项目活动实践

在根据项目开展活动的整个过程中,教师负责承担多个角色的任务,是项目活动的策划者、项目活动的引领者。每一个项目学习的环节,学生有着不同的任务,教师的任务也是同时进行的。因此,教师还是有必要制定一些辅助策略,促进项目指导工作的开展。下面具体来阐述项目开展过程中的一些策略。

1. 活动设计阶段

(1)调查学生的兴趣。教师可以采用问卷调查或访谈来掌握学生是否有学习的兴趣。问卷调查或访谈的主体可以是学生,也可以是家长,从多个角度来了解学生的兴趣与需求,教师可以设计学生喜欢的项目,还可以选择贴近学生实际的生活项目,从而激发学生主动学习的欲望。这也是选择项目的参考方法之一。

(2)激发学习的兴趣。学生在项目活动中的认同感和参与感是非常重要的,教师可以通过告诉学生项目学习的过程,与学生一起讨论如何自主参与、如何开展合作以及整个过程会取得哪些成果,引发学生认同活动的情感。教师还可以展示一些项目学习的例子给学生看,引发学生主动参与活动的情感。

(3)说明学习目标,建立项目评价方式与标准,鼓励学生积极参与并发表评价。首先阐述学习目标,并告知学生在学习活动中要达到的总体目标和技能。此外,还建立了项目学习的评价方法和标准,包括评价量规、评分细则、分数权重值等,让学生在整个过程中了解如何算是一个很好的项目学习。

2. 活动探究期间

（1）有条不紊地组织活动。项目活动的学习不是单一的学习，而是综合性的学习，学生需要在教师的指导下逐步完成，不可能一蹴而就地完成。因此，在项目学习的过程中，教师可以和学生一起制定项目实施的分步骤计划，把综合性学习分解为一个个单一的任务。

（2）搭建适度学习支架。项目教学要给予学生适当的资源，避免因项目综合性、复杂性带来的难度，影响学生开展项目学习的积极性。

例如，学生在信息的加工和表达综合项目学习过程中，教师要指导学生明确加工和表达中需要做的事情，提供一些有效的资源网站，提供软件工具来进行信息的加工和表达，防止学生在项目学习初期磕磕绊绊，造成失落感。

（3）关注持续学习过程。项目一般都需要一定的学习周期。在此期间，教师要时刻关注学生的学习情况是否偏离学习轨迹，遇到偏离的情况，要及时提醒学生调整学习计划。同时，教师还要关注学生是否在项目实施中偏离逐步制定的计划，以避免项目学习因此失败。

（4）提供充分的思考空间。项目活动中，教师提供建议的度的把握很重要，过多建议容易代替学生思考，过少建议学生无法完成任务。因此，在组织学生讨论的整个过程中，教师要引导学生按照自己的想法往下走，不要主导讨论。这个时候，教师要成为一个更理性的旁观者或观察者，在恰当的时候，提出发散思维的问题或建议。遇到学生提问时，教师可以给一些信息提醒，不要马上提供答案，要鼓励学生通过自己的努力去寻找答案。

（5）适当进行操作的演示。信息科技教学中教师演示操作是常态，但要注意不要全部演示操作，要留出一些学生自主探索的操作空间。例如，学生在使用演示文稿制作数字作品时，忘记如何插入链接。此时，教师可以演示如何插入其他文档的链接，至于如何实现同一文档的链接则可以引导学生尝试探索。

3. 分享评价阶段

（1）关注评论行为主体的多元性。教师和学生在整个项目学习过程中，都处于平等地位的。因此，在分享和评价环节中，要充分发挥学生的主体作用和教师的指导评价作用，使学生能在评价中发展学习，充分发挥和体现学生的主体作用。

（2）肯定与表扬。教师在学生取得成绩时，要及时给予正面的肯定，要积极鼓励学生进一步探索。虽然学生们的项目作品可能并不一定完美、完善，但都是带着认真的态度进行的，所以教师一定要给予积极的评价。即使学生的第一次数字作品不是很好，老师也应该给予宽慰和鼓励。例如，"看看你们已经取得的发展,你们只需再进一步,就可以变得更好"。

(3)关注过程性评价。过程性评价和作品评价有紧密的相关性。分享展示时的一大误区是太在意作品的成功程度,而忽视了学生项目学习的全过程。作品的优劣固然很重要,但学习的真正意义在于全程参与的感觉。所以,在最后的分享环节,教师和其他同学对小组的学习过程进行点评,这与对学习成果的评价具有同样重复的作用,教师要做好这方面工作的指导。

案例4-7:初中《我的快餐厅——图形化编程》单元教学设计(案例提供者:上海市民办上宝中学　陈瑞伟)

【单元定位】

图形化编程在初中信息科技课程中是一个比较新的单元,从学科知识结构的角度来讲,该单元是人机交互的重要组成部分,通过图形化编程单元的学习,使学生在对计算机处理信息的过程、计算机系统结构等内容有了一定了解程度的基础上,体验各种人机交互的方式以及尝试通过项目主题活动来制作简单的人机交互作品。人机交互的功能需要通过编程的方式来实现,编程可以让学生获得与读、写、算同等重要的认知能力,即计算思维能力。编程于学生的意义,可谓是一种观察世界的全新视角,同时也是一种崭新的思维表达。图形化编程是一种可视化的编程语言,它本质上可以说是可视化的思维,通过思维的可视化展开,能让编程思维更为清晰,有助于计算思维的培养和提高。图形化编程的学习内容对于教师和学生都有着极大的想象空间,单元主题性任务的题材更加多元化,与现实生活中人工智能的概念有着一定的联系,对学生计算思维品质的发展与提升作用尤其明显。

【单元整体安排】

本单元的学习是以设计"我的快餐厅"项目方式开展的。首先,学生设计四个体验活动完成相应的程序功能,然后再结合四个体验活动的学习成果,构成一个较为完整的项目。在项目实现过程中,通过设计不同场景和不同用户的需求,可以让学生体会和感知各种人机交互技术方法应用的合理化。一方面基于简单的功能完成一个项目,完成更细致的人机交互技术体验,学习更系统、全面的问题分析,基本产生分而治之的编程设计理念;另一方面,项目来自日常生活,贴近日常生活,可以让学生从生活中的具体问题出发,思考人工智能技术与计算机语言的关系,从而了解实际编程的意义以及正确处理"人"与"机器"的关系。

"我的快餐厅"主题项目活动共由四个课时组成(见图4-3),分别对应了四个活动。在活动一中,学生通过对快餐厅的背景、菜式等的设置,熟悉图形化编程软件的界面,理解舞台、角色、模块、脚本等概念,初步感受程序初始化的意义;在活动二中,学生通过对快餐厅"店长"这一角色的设计,掌握通过模拟人机对话来实现快餐厅的相应功能,同时掌握通过编辑程序脚本来改变角色的外观及动作等;在活动三中,学生通过自助点餐功能的实现,体验多角色间的互动过程,理解克隆的作用;在活动四中,学生通过自助记账功能的实现,理解变量在程序设计中的功能,并开展自主探究学习,发挥想象,开发更多快餐厅的个性化功能。

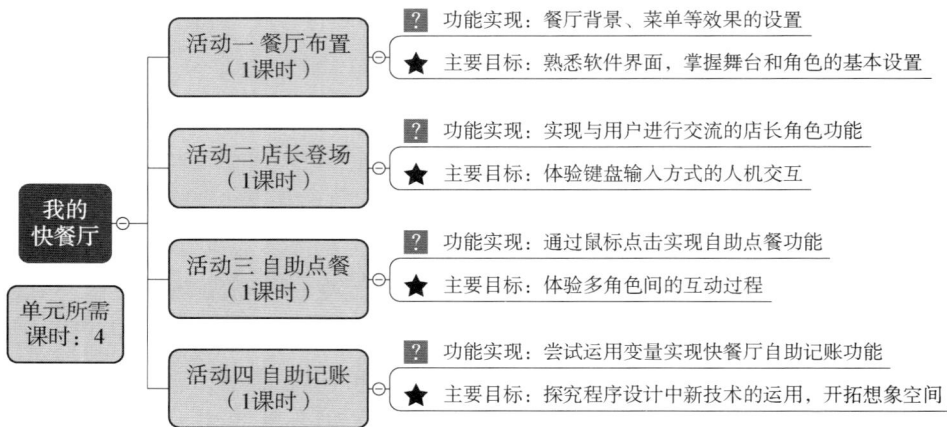

图4-3 "我的快餐厅"主题项目活动课时组成图

【单元教学设计思路】

本单元学习的重点旨在通过以图形化程序设计软件为载体的学习,使学生能够根据具体的情境需求选择合适的人机交互方式,尝试利用程序设计的思维来解决实际生活中的问题。在体验人机交互作品制作的过程中,可以对图形化编程的方法与步骤有一些了解,对计算机程序的运行原理进行初步的思考,为后续其他信息处理工具的学习、思考其背后的工作原理做一定程度的铺垫。

本单元的主题活动项目设计灵感来源于和学生日常饮食联系比较紧密的快餐文化,由于学生的学习与生活节奏比较快,双休日在外补课的情况也很普遍,经常会选择快餐来解决自己饮食方面的需求,但有些快餐店人员比较密集,点餐时总排着长长的队伍,无法真正实现高效。随着科学技术的进步,人工智能和无人餐厅进入了大家的视野,那么快餐厅是否也能利用这些技术来提高服务的质量和效率呢? 因此,本项目活动的目的在于希望通过图形化编程来模拟实现一种新型的快餐服务模式,将人工智能及无人餐厅与快餐厅进行一种融合,模拟解决现存的一些问题。

在项目活动的主题任务中,学生需要为自己的快餐厅设计一位虚拟店长,实现自助点餐、自助记账以及个性化服务等功能。作为程序的设计者,学生要快餐厅实现一定的智能,必须站在计算机程序的角度去思考,如何与消费者沟通,如何通过人机对话来提供周到的服务,并通过计算机程序设计的相关脚本进行表达实现。其中结账功能作为就餐的一项重要功能,如何通过程序设计中变量的运用以及相应的计算来实现,并通过机器人店长这样一个媒介来和消费者进行沟通,是本项目的重点。其次,本项目活动的设计遵从开放性、多元化的原则,鼓励学生在角色造型、对话逻辑、个性化的服务项目等方面展开想象空间。

图形化编程对学生的计算思维、逻辑思维以及创新性思维都有一定的要求,学生需要通过计算思维解决用户消费计算方法的选择以及功能的实现,通过逻辑思维进行人机对话以及对变量的理解,通过创新性思维赋予机器人店长一定的个性等,从学生思维发展的角度来讲是比较全面的。通过本项目主题活动的体验与实践,结合无人餐厅的概念,希望可以带给学生对未来生活的一种展望,感受到科学技术正不断改变我们的生活方式。同时,我们也可以适当地使用科学技术去解决生活中的问题,去优化我们的生活。

【单元教学方法简述】

1. 仔细观察和感受启发性思维,描述要完成的程序的作用

在单元每个活动学习的开始,一般让学生观察和感受程序最终成果的实际效果,然后尝试用自己的话来描述,并借此机会帮助学生全程参与。对观察程序的运行进行了多方面的梳理和思考,描述了程序流程的作用,进而明确个人项目学习的探究目标。这样的整个过程对以后的程序编写有着极其重要的影响。

2. 根据小组讨论,化解复杂的程序流程,梳理出程序设计的流程

在明确个人项目学习的探究目标的情况下,鼓励学生大胆提问,紧紧围绕本次项目活动要完成的程序过程,对明确提出的问题进行小组讨论,尽量将一个复杂的问题分解为几个简单的问题,然后简化编程的实际操作,梳理编程实践活动的流程和思路,利用小组的协作寻找解决方案。

3. 用类比提炼抽象的概念,帮助学生更好理解

编程中有很多比较抽象的概念,比如图形化编程软件中的克隆、变量、列表等。对于六年级的学生来说,他们的抽象思维能力是无法理解的。写程序的时候会引起各种各样的问题,按照类比的方式,分析这个概念,学生通过形象的感受和体验活动,在活动中思考和理解编程相关概念的意义和作用。因此,通过这种类比的教学方式教学,让概念学习更加符合六年级学生的认知规律。

4. 根据学生自主学习,尝试探索完成程序的效果

图形界面编程的使用绕过了复杂的编码和严谨的格式。学生可以按照积木拼搭的方法积累自己编写程序的经验,让学生按照一系列的主观探究活动,在解决问题的过程中进行思考和自主创新。在整个过程中,学生会产生很多个性的和创造性的想法。同时,还会丰富学生使用编程工具解决问题的经验。

【单元教学目标】

1. 学生将掌握的学科知识

● 知道人机交互的功能与原理;

● 知道常用的人机交互方式;

● 知道常用的图形化程序设计软件;

● 掌握图形化编程的一般操作步骤与方法;

● 理解角色、属性、事件、模块、脚本的概念及相互关系;

● 知道各种程序结构的功能与特点。

2. 学生将发展的能力

● 能够大致描述程序功能;

● 能够根据程序所要实现的功能分析具体需求,明确要解决的问题并设计解决方案;

● 能够尝试使用图形化程序设计软件,选择合适的人机交互方式实现程序功能;

● 能够通过各种实际问题解决方案的设计及实施,提高计算思维能力。

3. 学生将形成的观念

● 在尝试人机交互实验的基础上,感受计算机自动执行输入输出和处理的过程;

● 对图形化编程设计产生持续的学习兴趣,感受使用编程来解决学习生活问题的乐趣。

【单元教学过程设计】

单元活动	主要学习活动	对应单元目标
活动一 餐厅布置	课堂讨论:生活中的人工智能	走进人机交互。
	设置快餐厅的背景及菜式	熟悉图形编程软件界面及相关概念。
	设置菜式的初始坐标	了解角色的属性设置,初步感受程序初始化的意义。

（续表）

单元活动	主要学习活动	对应单元目标
活动二 店长登场	添加店长角色	选择合适的方式进行人机交互。
	设计店长功能	
	实现相应功能	掌握人机对话的相关脚本应用。
活动三 自助点餐	分析功能需求	用自然语言描述程序功能。
	编写调试程序	掌握图形化编程的一般方法与步骤,实现程序功能。
	优化程序功能	发现问题　设计优化方案。
活动四 自助记账	观看视频 设想功能	根据程序所要实现的功能分析具体需求,明确要解决的问题并设计解决方案。
	分析问题 自主实践	
	个性创作	将自己的想法用程序设计的方式予以表达。
	交流感悟	分享交流,互相学习。

【单元教学评价】

本单元的教学评价,主要是教师在每一个活动的课堂教学中,通过对学生的学习情绪、学习活动参与的积极性及达成度,以及每一项任务的实现效果及个性化的展示进行综合评价。

【分课时教学设计】

第一课时：活动一　餐厅布置

教学目标

熟悉图形化编程的软件界面,学会创建角色并设置角色及舞台属性;
合理选择角色及舞台背景图片进行设计加工,完成快餐厅的初始化配置;
初步了解程序初始化的作用与意义,初步形成程序初始化的习惯。

教学重点与难点

教学重点：实现快餐厅的整体布置,角色属性的设置,为后续快餐厅功能的添加做好准备。
学习难点：对程序初始化作用的理解及如何将程序初始化做到位。

教学过程

（续表）

教学环节	教师活动	学生活动	设计意图
导入情境	教师播放视频，导入快餐文化的情境。	学生观看视频，同时思考视频中反映的问题。	创设情境，引出项目主题。
提出问题	提出问题：如何有效提高快餐厅的服务效率和质量？	课堂讨论有效的解决方案。	明确项目主题任务。
图形化编程介绍	讲授图形化编程软件的界面及主要组成元素。	学习图形化编程软件的基本操作，思考快餐厅的人机互动界面设计。	熟悉图形化编程软件界面，了解角色、舞台、脚本等概念。
实践交流	巡视指导，发现问题。	使用给定素材设计快餐厅的舞台背景，添加角色，设置菜品价格，相互交流帮助解决技术问题。	掌握舞台及角色属性的设置。
程序初始化	提出问题：如何保证每次开始运行程序状态一致？	结合快餐厅项目思考需要做哪些初始化设置，什么时候进行程序初始化最合理？	理解程序初始化的作用与意义。
阶段成果展示表达	评价学生阶段成果，针对共性及个性问题给出修改建议。	相互展示各自的快餐厅阶段成果，表达设计理念与思路。	对本课内容进行小结评价。

第二课时：活动二　店长登场

教学目标

知道人机交互的一般方式及其编程实现，通过动作、外观、侦测、事件等模块的相关脚本实现店长的相关功能；
通过对人机交互过程的合理性评价，理解友好的人机交互程序的一般特点；
体验换位思考，同时从计算机与使用者双方的角度去设计人机交互的功能。

教学重点与难点

教学重点：通过自主探究理解相关脚本的功能，掌握实现简单人机交互功能的一般方法。
学习难点：人机交互功能的合理实现及在调试过程中解决问题。

教学过程

（续表）

教学环节	教师活动	学生活动	设计意图
问题提出	提出问题：智能快餐厅的工作人员如何招募并赋予相关工作任务。	课堂讨论：快餐厅工作人员负责的工作有哪些？	引入店长角色并设想店长的功能。
角色造型设计	提供角色造型素材。	完成店长角色的创建与初始化设置。	巩固程序初始化的具体操作步骤。
角色功能设计	对学生提出的功能进行可行性分析建议。	课堂上讨论店长的角色功能。	根据具体需求设计并确定本课所要实现的程序功能。
自主探究	课堂巡视，解决程序设计中的个性化问题。	自主尝试店长角色脚本组建，实现相应功能。	初步实现人机互动的效果。
交流评价	组织课堂评价，人机互动的合理性与程序的效果。	相互展示各自的阶段作品，在教师组织下进行交流与相互建议。	相互借鉴学习，思考有效人机互动的方式与编程实现。
程序优化	课堂巡视，个别指导。	对自己的程序功能进行优化调整。	调试程序，优化功能。

第三课时：活动三　自助点餐

教学目标

理解克隆脚本在图形化编程中的功能与特点，使用克隆相关脚本实现快餐厅的自助点餐功能；

通过需求分析确定程序目标，通过实践调试发现并解决程序中的问题，并能够在基本功能实现的基础上发挥个性想象来优化程序功能；

初步形成用程序设计的视角来分析用户需求，运用计算思维的方式来思考设计问题解决方案的习惯。

教学重点与难点

教学重点：克隆脚本的功能与实际应用。

学习难点：分析需求-确定目标-选择组建脚本-调试程序-优化功能的图形化程序设计方法。

教学过程

（续表）

教学环节	教师活动	学生活动	设计意图
问题导入	提出问题：如何实现用户点餐互动功能？	头脑风暴：用户点餐的互动方式。	自助点餐功能设想。
需求分析	问题引导：如何区分货架商品和已点菜品，如何表现点菜的过程？	课堂讨论：结合实际生活中的快餐点餐方式进行需求分析，用自然语言描述程序功能。	分析程序具体需求，并用自然语言描述。
自主尝试脚本组建	课堂巡视，个别指导。	尝试组建脚本调试程序，发现并提出问题。	鼓励学生自主尝试，发现问题，引出克隆脚本功能。
讲授新知解决问题	演示讲授：图形化编程中克隆的作用与具体应用。	思考：克隆的本体角色与克隆体角色各自的功能及特点。	理解克隆在图形化编程中的功能，归纳克隆的特点及适用情况。
实践调试实现功能	课堂巡视，个别指导。	实践调试克隆脚本，实现自助点餐功能。	实现自助点餐功能，体验人机交互乐趣。
功能优化	问题引导：如何让自助点餐更加人性化，服务更加体贴到位？	课堂讨论优化方案。	发挥个性想象，拓展程序功能，增强用户体验。
分享交流	鼓励学生展示各自作品，评价其优点，并给予进一步优化建议。	相互评价各自阶段性成果，提出优化建议。	分享成果，相互学习。

第四课时：活动四　自助记账

教学目标

根据"构思功能-分析问题-独立实践活动-操作调试"的整个探究过程，将图形化编程软件的数据控制模块应用于脚本制作，完成简易自助记账功能的程序；
提高图形化编程应用的探究能力，在编程设计的过程中体验提高程序流程易读性的现实意义；

教学重点与难点

教学重点：通过"构思功能-分析问题-独立实践活动-操作调试"的过程，体验利用新模块进行编程的过程。
学习难点：应用变量，设计简单自助记账的程序功能。

教学过程

（续表）

教学环节		教师活动	学生活动	设计意图
回顾导入	阶段回顾	播放阿里无人餐厅及项目回顾视频。	观看视频，回顾项目学习过程。	熟悉巩固现阶段作品的功能。
功能开发	设想功能	对学生设想的功能进行初步的分类整理。	课堂讨论，结合快餐厅项目设想本课需要实现的功能。	确定本课目标。
	分析问题	演示自助记账功能实例，引导学生观察分析消费总计随用户点餐的变化过程，引入变量。	观察消费总计的表示及其变化过程，用自然语言描述消费总计的计算过程，和该计算过程在程序中的实现方法。	直观呈现消费总计的变化，以便分析其计算方法。确定消费总计的计算在程序中的具体实现方法。
		把存钱罐和图形化编程程序中的变量进行类比，分析存入零钱的过程。	观察存钱罐存入零钱过程，分析存入零钱过程中零钱数值的变化过程以及产生变化的原因。	通过类比初步认识程序设计中的变量。
	自主实践	就变量的创建引发学生的尝试与实践。	通过尝试和比较思考变量名及其作用范围设置的一般方法，得出结论。	感受增强程序可读性的意义。
		就变量的赋值脚本的使用提出问题。	查看帮助网页，使用数据模块的相关脚本实现程序功能。	理解数据模块相关脚本的具体功能。
	运行调试	课堂巡视，收集问题。	组建程序脚本，运行调试程序。	解决程序运行中的问题。
阶段小结	归纳方法	归纳程序设计中解决问题的一般方法与策略。	展示个人阶段成果，一起讨论实践中遇到的问题。	对编程过程中、设计中使用新技术进行功能的开发过程进行小结。
个性创作	设想功能	演示阶段成果，启发学生对快餐厅新增功能的想象。	两两合作，围绕快餐厅的服务设想程序新的功能，填写任务单，两两讨论方案的可行性及其实现方法。	通过个性化功能的设计与实践，体验用程序设计来表达个人想法的过程，学会发现、分析与解决程序设计过程中的问题；提出并尝试解决程序运行中的问题。
	分析问题	对学生设想的功能在实现方法上给出一定的建议。	课堂交流各自设想的快餐厅的新功能，尝试表达实现的方法。	

（续表）

教学环节		教师活动	学生活动	设计意图
个性创作	自主实践	针对学生的个性化作品给予个性化指导。	围绕方案尝试在图形化编程软件中组建脚本，自主探究新功能的开发实现。	
	运行调试	课堂巡视，收集问题。	组建程序脚本，运行调试程序。	
交流感悟	评价交流	组织课堂交流，针对学生实践过程中的问题给到一定的解决措施。	运行演示个人程序，阐述个性化功能的实现方法，或者分享当前遇到的问题与困难。	通过交流提出问题，引发学生对程序设计深入探究的兴趣，结合生活实际设想更多人机交互作品。
	小结感悟	小结程序设计中对新技术的一般学习方法。	思考对图形化编程软件的后续深入学习研究的方向与所要达成的目标。	

第四节　跨学科项目活动教学设计与实践

在跨学科的项目主题活动中，学生聚集两个或更多学科概念，表达情境、解决问题、创作作品，从而产生新的理解，创造新的实践意义，可以共同促进对世界的深刻理解。这是他们在一个学科中没有办法做到的。信息科技跨学科项目活动是指兼顾信息科技在其他学科中的应用场景，映射出信息科技大概念，通过真实情境化的实践活动展开跨学科主题学习。跨学科项目活动具有综合性和实践性的特点。当前，从多个学科切入，利用驱动问题促进学生的学习，开展信息科技学科与其他学科、信息科技学科与日常生活、信息科技学科与社会互动的衔接与拓展，解决问题的全过程。最终，以跨项目为载体呈现出来的跨学科项目活动成为实施新课程标准的重要教学方式之一。

一、跨学科项目活动教学设计的意义

在本书第二章中介绍了单元的形态可分为：教材单元、跨教材单元、跨学科单元。前面所讨论的单元教学都是指教材单元和跨教材单元。本节所讨论的跨学科项目单指跨学科单元,跨学科项目活动作为一种学科课程的单元重构方式,它侧重以学科内的关键概念或能力作为载体,重视指向学科本质的学习。跨学科项目的活动以不同学科的主要概念或能力为媒介,侧重指向解决现实世界中的问题。因此,跨学科项目活动是用信息技术学科核心概念作为汇合点,将学科关键概念和能力融入单元整体设计,学生通过单元学习,强化信息技术知识与技能的同时,提高多学科思维能力,提升核心素养。

跨学科项目活动具有单元设计和学科设计的系统性,必须兼顾知识、认知策略、学习实践活动、学生和小组团队的学习成果等多方面的考量。在设计跨学科项目的活动时,实际上如果仅限于特定而微观的知识和技能,则无需设计跨学科项目活动。跨学科项目的活动要超越原有课堂教学对知识和技能的"点"理解,从更高层次的"网"的角度,考虑这样的知识在真实情况下的应用。"点"更需要的是"打基础"的不断实践,相互关系的"网"必须能够在不同的条件下灵活区分和判断。

跨学科项目的学科活动与学科项目活动的区别在于:学科项目活动中的关键知识、作品和评价是基于学科知识、学科技术本身,而知识和技能的网络,只限于学科内部,因此,信息科技的学科关键概念和能力是学科项目活动设计方案的关键。当然,这并不是说学科项目活动只在一门学科中深入分析,其他学科不涉及。可能还涉及其他学科,而且很有可能会利用在其他学科已经学习过的知识,有些学生可能会在整个过程中增加对其他学科的理解,但这都是作为情境知识。跨学科项目活动的关键知识来自两门以上学科,是对相关学科的整体理解。单一学科的知识网络无法处理跨学科信息科技学习中的问题。跨学科项目活动学习的最终项目成果,综合展示了多门学科的共同效果。

二、跨学科项目活动设计的基本范式

跨学科项目活动和项目活动设计方法基本相同,都包括项目呈现、项目分析规划、项目设计制作、交流评价等一些基本环节。

1. 项目呈现

项目呈现,一般是指通过一定的方式或方法让学生知道项目主题。项目的来源一般分为以下几类:

(1)信息社会普遍关注的问题。

紧紧围绕信息社会普遍关心的问题厘清项目,有利于将学科学习方法与学生在信息社会的学习和生活联系起来,可以帮助学生成为信息社会的"理解者"。

设计理念是针对信息社会的热点问题提出问题：提出问题的焦点、问题的原因和处理方法。这类明确的项目要求教师具备多元化的专业知识、扎实的专业素养和对信息社会的关注。

（2）教学内容中具有聚合性的概念。

聚合性的概念指的是那些涉及多个学科，有利于学生跨学科理解，如"网络信息安全与日常生活""数据信息与统计分析"等。在学科内容中发掘聚合性概念的教材内容作为项目的关键来源。这种项目由于教师对教材内容的理解等优点，易于设计和实施。

（3）学生关心、爱好、疑惑的内容。

学生关心的问题通常集中在自身信息社会的生存发展现状、数字化学习方式等方面。学生关心的内容涉及对网络技术的辩证理解，比如"刷脸安全吗?"和"物联网技术优点和安全隐患"等。这种项目可以培养学生正确对待信息技术的价值，明确信息社会合法的行为准则。

2. 项目分析规划

如何解决和分析很重要。教师首先要和学生一起进行讨论和分析，明确提出开展项目必须做哪些工作，必须解决哪些问题。教师可以指导学生独立或合作探索，激发学生自主参与和合作参与的意识。教师在学生参与项目或解决问题的整个过程中设置重要的控制点，并提供具有支撑的脚手架，让学生能够在最近的发展区开展学习，解决问题，让学生根据内化学习支架，获得完成项目的目标技能。

3. 项目设计制作

教师要为学生设计适宜的学习环境，提供丰富的资源和工具，包括设施设备、信息化工具以及一些用来支持或扩充思维过程的认知工具，同时可以向学生展示如何更好地应用新的信息科技工具。要设计学习内容的知识导航，展示项目中跨学科知识之间的关联，教师使用适当的知识性术语，敏锐地察觉学生的学习与思维状况。

4. 交流评价

交流和评价不是目的，只是为了更好地改进和发展。跨学科交流评价更适合应用表现性评价，使用例如评价量表、个人行为观察、档案、展示作品等评价方式。教师协助策划和实践活动，记录和验证相关技能并得出结论，使交流、沟通、评价围绕整个跨项目学习过程，使评价能够合理地发挥监督、指导和鼓励作用。

三、促进学科素养提升的跨学科活动实践

跨学科项目活动依据在目标设计、组织实施、总结评价这些纵向教学活动线索，可根据教学内容、项目主题、项目目标、驱动任务、持续开展跨项目教学评价活动等，基于信息科技学科核心素养培养系统思考和设计活动方案。

1. 重组教学内容，构建跨学科知识网络

学科大概念是教学的灵魂，重组教学内容，构建跨学科知识网络是跨学科项目化活动的逻辑起点。设计跨学科项目的活动之前，首先要建立综合的多学科知识网络。跨学科教学中应该系统考虑哪些内容可以更好地实施？必须将哪些综合知识或技能应用到跨学科内容中？这个内容与信息技术和日常生活的社会发展有什么联系？学生可以解决或表达的信息科技知识和跨学科知识的情况有哪些？只有对跨学科知识网络有了细致、整体的思考之后，教师才能够找准跨学科项目活动设计的基点。

2. 提炼项目主题，明确项目目标

项目主题体现着学科与学科的连接、学科与生活的连接、个体与社会的连接等方面，决定着跨学科活动开展的作用与意义。那么如何基于信息科技在其他学科的应用场景中寻找项目主题呢？教师可以从现实问题切入单元教学，找寻不同学科在信息社会的关联点，如过程与控制系统在生活中非常常见，学生可以小组合作，将声控开关系统装置在生活场景中进行应用，搭建一个小型且简易的开关系统。该项目融合信息科技、数学、科学等知识，有助于提升学生的综合实践力。

3. 聚焦探究目标，设计项目任务

驱动性任务是跨学科项目活动的枢纽。驱动性项目任务要能激发学生的兴趣，有一定开放性，能直指信息科技学科的核心内容，解决现实生活中的问题，体现学科大概念的理解与落实内容，将动手体验与知识学习结合起来。设计一个驱动项目任务时的思考逻辑是：任务是否贴近学生的日常生活并有趣？实现项目目标的有力证明又是什么？对于多门学科，为了落实总体目标，可以从哪些方面开展跨项目的专题活动？

4. 持续开展的教学评价活动

跨学科项目活动的教学评价主要有两项任务，第一是分学科学习。分学科学习是跨学科研究的基础。学科知识是否扎实，关系到跨学科探究的质量。在推动项目任务的进行时，信息科技学科知识和技能是主要的学习知识。在真实

的任务场景中，在分学科教学方法的具体指导下，让学生感受到多元综合、多学科知识学习的实际意义和使用价值。第二是跨学科探究性学习，突出学生综合体验。综合性是指知识综合、教学方法多样、教学资源丰富、学习平台多元、学科主题活动开放等。综合体验侧重于让学生经历产生多学科知识的全过程，并带着问题学习解决日常生活中的真实问题。

案例 4-8：小学《自制气象站——数据的采集、处理和可视化》单元教学设计（案例提供者：上海市闵行区七宝镇明强小学　程育艳）

【单元定位】

信息技术与社会的交互融合引发了数据量的迅猛增长，数据对社会生产和人们生活的影响日益凸显，如何合理地利用信息技术工具挖掘数据背后有价值的信息，是合格数字化公民必备的关键能力，也是本学科着力培养的核心素养。通过本单元的学习，学生能认识到数据在信息生活中的重要价值，合理选用技术工具处理数据、应用数据、可视化表达数据、提高数据应用效能，发现其中潜在的、有价值的信息，提升利用信息技术解决问题的能力。

【单元整体安排】

本单元的学习以主题项目活动"自制气象站"的方式展开，单元知识点主要集中在自然、数学和信息科技三个学科，打破学科壁垒，多学科交融。单元重点是依托"自制气象站"项目学习，实现气象数据的采集、处理和可视化。

"自制气象站"主题项目活动共由7个课时组成（如图4-4）。

课时1：天气现象大揭秘。借助电子书包平台课前布置探究任务——"奇妙的气象元素"，课上针对天气现象进行交流讨论、答疑解惑，基于讨论结果，对气象站进行功能分析，并借助图形化编程平台布置气象站舞台背景。

课时2：气象数据知多少。学生从寻找身边的数据入手，结合生活常识和自然科学知识，进行任务分析，确定气象站包含常见的数据内容，研究气象数据与气象元素的关系，并借助图形化编程平台设计气象站中的若干个角色（如"天气""温度""湿度""空气质量"等）。

课时3：气象数据巧采集。在了解日常生活中常用的数据采集方法的基础上，学习通过调用编程脚本，有效采集实时的气象数据，了解气象数据的时值和均值。

课时4~6：气象数据可视化。学习借助编程语言，将采集到的数据简单处理，并直观形象、可视化呈现。分别指向几种不同的可视化形式，如："柱形+指针直线移动""罗盘形+指针刻度旋转""折线图""柱状图"等。

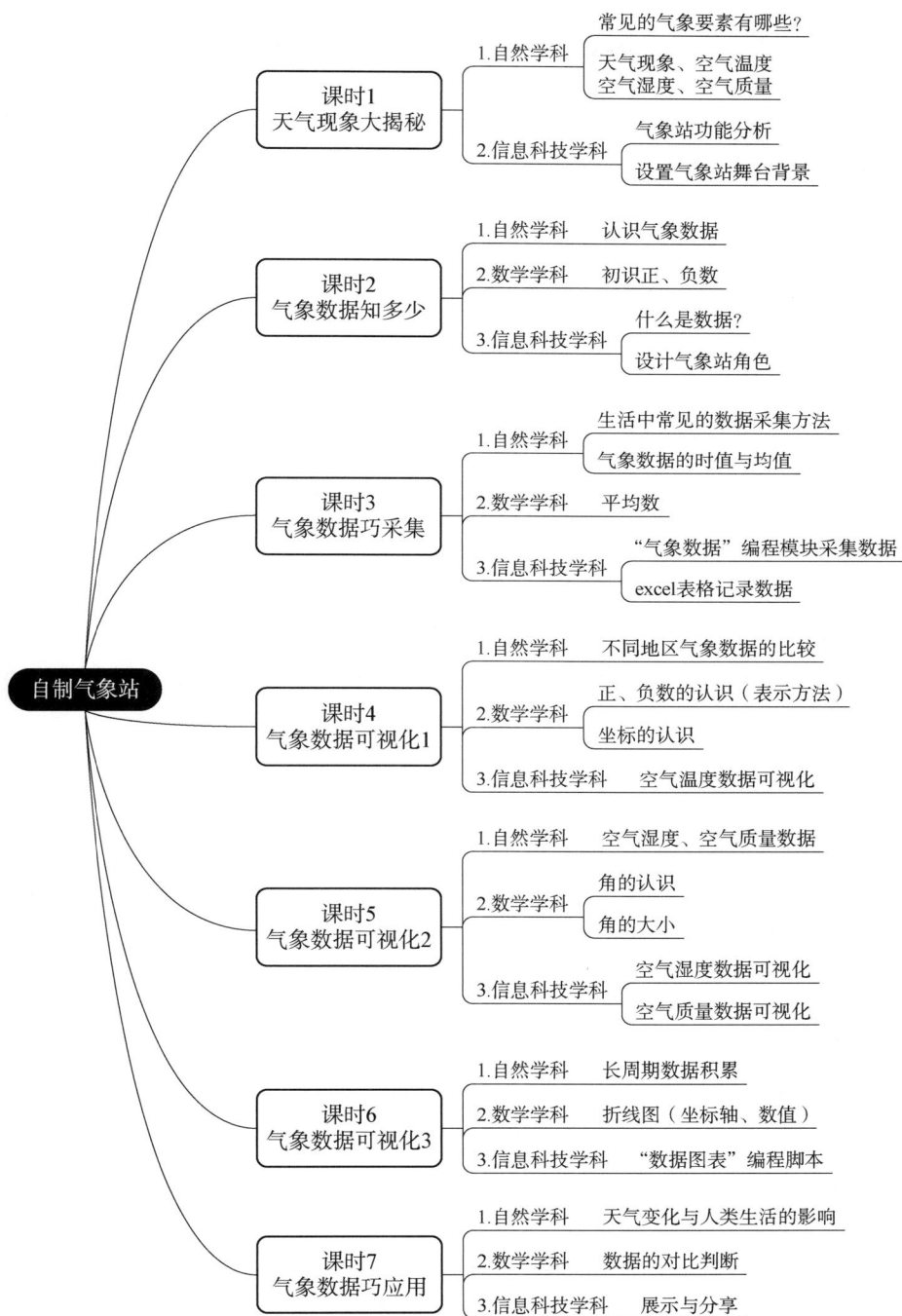

图4-4　《自制气象站——数据的采集、处理和可视化》单元课时安排

课时 7：气象数据巧应用。结合生活实际，将本单元获得的气象站数据应用于生活，挖掘数据背后的价值，并展示和分享各小组数据分析、应用的观点。如：借助图形化编程平台分析和判断，得出气象数据应用提示（天气有雨提示带伞、温度很高提示防暑、空气质量差提示减少户外活动等）。通过数据图示对比感受天气变化与人类生活的相互影响等。

【单元知识点梳理】

学科	已知知识点	未知知识点
信息科技	1. 编程基础：布置舞台背景、设计角色、常规脚本语句； 2. Excel 表格记录数据	1. 数据； 2. 气象数据； 3. 气象站功能； 4. "气象数据"编程模块； 5. "数据图表"编程模块； 6. 数据采集； 7. 数据分析； 8. 数据可视化。
自然	天气现象部分自然常识。	1. 常见的气象要素（天气现象、空气温度、空气湿度、空气质量）； 2. 气象数据的时值与均值； 3. 生活中常见的气象数据采集方法； 4. 气象数据的生活应用。
数学	角的认识。	1. 角的大小； 2. 正、负数的认识； 3. 平均数； 4. 坐标的认识； 5. 折线图的认识； 6. 数据的对比判断。

【单元教学设计思路】

本单元的主题活动项目来源于与学生生活联系非常密切的气象文化。气象数据是学生每天都密切接触的内容，如是否下雨决定是否带雨具，温度和湿度指数决定穿衣情况，空气质量指数决定是否可以室外活动，天气变化与人类生活之间有着密不可分的相互影响等。

本单元学习以"自制气象站"为活动目标，重点旨在引导学生在了解常见的气象元素、气象数据的基础上，借助图形化编程平台，学习数据的采集、简单处理和可视化表达的基本方法，感受数据对于人们日常生活的影响，体验运用信息技术工具解决生活实际问题的一般过程。学习过程中不局限于信息科技学科知识,也结合项目主题活动的推进,实时融入自然和数学学科知识。通过单元学习,学生将完成"气象站"的设计与制作,产出学习实践的劳动成果——能真实生活应用的"自制气象站"。整个单元学习同时也是多学科融合的劳动教育典型案例。

在项目活动的主题任务中,学生课前知识摄取、课堂上自主探究和小组合作有机结合,最终完成气象站的设计与制作。一方面学生通过任务分析,了解气象站的功能需求,借助图形化编程平台完成气象站的设计与制作,体验用信息技术工具解决生活问题的一般过程。另一方面,学生学习借助信息技术工具进行数据采集、数据分析和简单处理、数据生活应用的方法。

【单元教学方法简述】

1. 结构化问题引导,推动思维发展

单元学习过程中,将部分核心概念转化为一系列有内在逻辑关系的问题,让学生带着问题主动参与学习和探究,学习借助信息技术工具进行数据采集、数据分析和简单处理、数据生活应用的方法,体会数据与人类生活之间的密切关系。学生在相对真实的情境中学习和实践,在经历"发现问题——提出问题——分析问题——解决问题"的路径中实现思维能力的提升。

2. 创设性课前导学,打造高效课堂

本单元项目整合了多个学科的知识学习,部分知识内容是点状式分布在小学阶段的不同年段,因此单元教学中设计了若干"课前导学",引导学生借助电子书包平台完成课前学习,帮助学生带着探究成果和学习观点进入课堂,更深入地交流和讨论,更高效地知识共享和思辨。

3. 生活化项目驱动,激发探究兴趣

单元项目活动围绕设计和制作真实可用的"气象站"展开,这个产品贴近学生生活实际,产品制作过程较好地满足学生"好奇""好动"的天性,充分激发他们的探究欲。学生结合生活观察和头脑风暴,并借助思维导图等可视化工具记录观点,逐步完成气象站的功能分析。借助图形化编程平台学习数据的采集、处理和可视化,最终完成"气象站"产品。兴趣是最好的老师,真实的实践体验有助于激发学生学习兴趣,真实情境中的问题解决有助于学生把学习方法迁移到其他的学习中去。

4. 伙伴式合作学习,丰富探究成果

单元项目推进过程中,会借助小组合作学习的方式突破重、难点,如头脑风暴分析气象站功能、编程过程中的任务分析等。此外对于数据采集、数据记录、数据对比判断等内容,组内伙伴也可以有不同的选择,如不同的采集方法、不同的记录方式、不同地区的气象数据等,这为后期数据对比分析提供了更丰富的课堂资源。

【单元教学目标】

目标类型	目标编号	教学目标	学习水平
知识与技能	1.1	识别常见的气象要素。	熟练
	1.2	认识数据。	知道
	1.3	认识气象数据。	知道
	1.4	了解生活中常见的数据采集方法。	知道
	1.5	气象数据的时值与均值。	熟练
	1.6	借助"气象数据"程序模块,编程实现气象数据的采集。	熟练
	1.7	借助"运算"程序模块,编程实现数据的分析和处理。	知道
	1.8	数据可视化的常见方式。	知道
	1.9	认识坐标。	知道
	1.10	认识角的大小。	熟练
	1.11	编程控制指针移动,实现空气温度的数据可视化。	知道
	1.12	编程控制指针旋转,实现控制湿度和空气质量的数据可视化。	知道
	1.13	认识折线图。	知道
	1.14	借助"数据图表"编程模块,呈现折线图等不同类型可视化图表。	知道
过程与方法	2.1	小组合作、头脑风暴,描述气象站功能分析内容。	参加
	2.2	小组讨论,分析项目,将复杂项目分解成细小的问题解决序列。	参加
	2.3	尝试操作软件,了解软件操作的一般规律。	知道
	2.4	通过设计和制作"气象站",体会运用信息技术解决真实问题的一般过程。	参加
	2.5	通过设计和制作"气象站",体会将自然语言转化成程序语言的方法。	参加
	2.6	通过数据对比,体会天气与人类生活之间的密切关系。	参加
情感、态度与价值观	3.1	感悟数据在生活应用的价值。	认同
	3.2	提升对图形化编程的兴趣,感受利用程序设计方法来解决生活实际问题的乐趣。	认同

（续表）

目标类型	目标编号	教学目标	学习水平
情感、态度与价值观	3.3	体会长周期数据积累的意义。	接受
	3.4	在交流分享中，注意倾听他人的发言并敢于提出质疑。	关注

【单元教学过程设计】

第1课时：天气现象大揭秘

教学目标

1. 识别常见的气象要素；
2. 通过小组交流、头脑风暴，尝试描述气象站功能分析内容；
3. 提升对图形化编程的兴趣。

教学重点与难点

教学重点：识别常见的气象要素。
教学难点：尝试描述气象站功能分析内容。

教学过程

教学环节	教师活动	学生活动	设计意图
回顾导学成果，引入	展示各小组课前导学成果，组织交流。 有不同的天气现象，除了用肉眼去观察，更多的可以用气象要素来表示。 明确学习内容：揭秘天气现象，制作气象站。	讨论交流，明确内容。	明确学习内容，激发学生学习兴趣。
认识气象元素	播放微视频，学习常见的气象元素。 天气现象（晴、雨）。 空气温度。 空气湿度。 空气质量。	观看视频；思考交流。	引发学生思考常见的气象元素。
气象站功能分析	展示科学性很强的"气象站"材料； 组织学生分析"自制气象站"的功能。	学习材料；小组合作，头脑风暴，分析气象站的功能。	引导学生思考要解决的问题。
布置气象站背景	引导学生利用慧编程软件，设置舞台背景。	设置"气象站"舞台背景。	引导学生学习用信息技术解决生活问题。

（续表）

第2课时：气象数据知多少

教学目标

1. 认识数据；
2. 了解气象数据的常用表示方式；
3. 认识正、负数；
4. 根据气象站功能分析，明确要解决的问题；
5. 感悟数据在生活应用的价值；
6. 提升对图形化编程的兴趣，感受利用程序设计方法来解决生活实际问题的乐趣。

教学重点与难点

教学重点：了解气象数据及其表示方式。
教学难点：认识数据。

教学过程

教学环节	教师活动	学生活动	设计意图
走进数据	"找一找"身边的数据； 总结：数据是描述事物的符号记录。	思考，寻找身边的数据。	引导学生关注身边的数据。
气象数据知多少	1. 认识气象数据； 播放天气预报视频。 总结： 不同气象要素，可以用不同形式的气象数据来表示。	观看视频； 分析气象要素与气象数据之间的关系。	为气象数据的采集、可视化做铺垫。
	2. 气象数据的常用表示方式（文字、数字、图标等方式）。	交流学习气象数据的表示方法（包含正、负数的认识）。	
设计气象站角色	组织学生借助图形化编程软件设计常见的气象元素角色。	编程设计气象元素角色； "天气现象""空气温度""空气湿度""空气质量"。	引导学生学习用信息技术解决生活问题。

第3课时：气象数据巧采集

教学目标

1. 知道气象数据的时值与均值；
2. 了解生活中常见的数据采集的方法；
3. 根据气象站功能分析，明确要解决的问题；
4. 借助"气象数据"程序模块，编程实现气象数据的采集；
5. 通过设计和制作气象站，体会运用信息技术解决真实问题的一般过程；
6. 提升对图形化编程的兴趣，感受利用程序设计方法来解决生活实际问题的乐趣。

教学重点与难点

教学重点：了解气象数据采集的常用方法。
教学难点：借助"气象数据"程序模块，编程实现气象数据的采集。

教学过程

（续表）

教学环节	教师活动	学生活动	设计意图
提问导入	提出问题：我们身边有各种数据，这些数据是如何采集的？揭示课题。	思考交流。	引发学生思考，激发探究欲。
生活中常见的数据采集方法	出示微视频；采集方法多样，关注科学性。	思考交流；视频学习。	联系生活，思考方法。
气象数据的时值与均值	结合生活实例，组织学生对比学习数据的时值和均值；总结：采集到时值，记录、分析计算得到均值。	联系生活实际，学习数据的时值和均值。	引导学生感受数据采集的科学性。
编程实现数据采集	天气现象；最高温度、最低温度；空气湿度；空气质量。	借助"气象数据"扩展模块，编程实现各类数据采集。	引导学生学习用信息技术解决生活问题。
数据记录	Excel 表格记录不同地区同一时间、同一地区不同时间的气象数据。	Excel 表格记录。	体会长周期积累数据的过程。

第 4 课时：气象数据可视化 1

教学目标

1. 了解数据可视化的不同形式；
2. 认识坐标；
3. 借助"运算"程序模块编程实现数据的分析和处理；
4. 编程控制指针移动，实现空气温度的数据可视化；
5. 通过设计和制作气象站，体会运用信息技术解决真实问题的一般过程；
6. 提升对图形化编程的兴趣，感受利用程序设计方法来解决生活实际问题的乐趣。

教学重点与难点

教学重点：了解数据可视化的不同形式。
教学难点：编程控制指针移动，实现空气温度的数据可视化

教学过程

（续表）

教学环节	教师活动	学生活动	设计意图
问题导入	提出问题：上节课采集到的温度数据是一个个的数字，是否可以更加直观、形象地呈现呢？	思考回答。	引导学生思考数据的直观、形象表达。
分析空气数据	结合生活案例，组织认识坐标；认识正负数及表示方法，结合生活实例。	思考回答。	联系生活，帮助学生认识。
走进数据可视化	微视频呈现生活中常见的数据可视化形式。	观看视频学习。	帮助学生了解数据可视化的不同形式。
编程实现空气温度的数据可视化	组织学生小组合作，完成空气温度的数据可视化。	1. 小组合作，分析任务需求； 2. 编程实现数据的分析和处理； 3. 编程控制指针移动，实现空气温度的数据可视化。	引导学生学习用信息技术解决生活问题。
展示与交流	组织小组展示活动。	展示交流，评价他人作品，修改自己作品。	评价与反思。

第5课时：气象数据可视化2

教学目标

1. 认识角的大小；
2. 了解湿度数据可视化中指针旋转角度与数据的关系；
3. 编程控制指针旋转，实现控制空气湿度和空气质量的数据可视化；
4. 通过设计和制作气象站，体会运用信息技术解决真实问题的一般过程；
5. 提升对图形化编程的兴趣，感受利用程序设计方法来解决生活实际问题的乐趣。

教学重点与难点

教学重点：了解湿度数据可视化中指针旋转角度与数据的关系。
教学难点：编程控制指针旋转，实现控制空气湿度和空气质量的数据可视化。

教学过程

（续表）

教学环节	教师活动	学生活动	设计意图
复习导入	回顾上节课空气温度数据可视化。	复习回顾。	激发探究欲。
分析空气湿度数据	1. 了解湿度数据可视化中指针旋转角度与数据的关系； 2. 借助教学组织体验活动，认识角的大小。	听课学习； 参与体验活动。	联系生活，帮助学生分析。
编程实现空气湿度或空气质量的数据可视化	组织学生小组合作，完成空气湿度或空气质量的数据可视化。	1. 小组合作，分析任务需求； 2. 编程实现数据的分析和处理； 3. 编程控制指针旋转，实现空气湿度或空气质量的数据可视化。	引导学生学习用信息技术解决生活问题。
展示与交流	组织小组展示活动。	展示交流，评价他人作品，修改自己的作品。	评价与反思。

第6课时：气象数据可视化3

教学目标

1. 认识折线图；
2. 借助"数据图表"编程模块，呈现折线图等不同类型可视化图表；
3. 提升对图形化编程的兴趣，感受利用程序设计方法来解决生活实际问题的乐趣；
4. 体会长周期数据积累的意义。

教学重点与难点

教学重点：认识折线图。
教学难点：借助"数据图表"编程模块，呈现折线图等不同类型可视化图表。

教学过程

（续表）

教学环节	教师活动	学生活动	设计意图
问题导入	提出问题：不同地区同一时间，同一地区不同时间数据批量可视化呈现？	思考回答。	引发学生对数据可视化多维度思考。
走进折线图	展示折线图作品，组织交流讨论；出示学习单，认识折线图。	讨论交流，结合学习单认识折线图。	
编程实现	组织学生完成更多维度的数据可视化。	借助"数据图像"扩展模块，编程实现折线图的制作。	引导学生学习用信息技术解决生活问题。
展示与交流	组织小组展示活动。	展示交流，评价他人作品，修改自己作品。	评价与反思。

第7课时：气象数据巧应用

教学目标

1. 通过数据对比，体会天气与人类生活之间的密切关系；
2. 通过数据对比分析，了解数据背后的原因；
3. 提升对图形化编程的兴趣，感受利用程序设计方法来解决生活实际问题的乐趣。

教学重点与难点

教学重点：通过数据对比，体会天气与人类生活之间的密切关系。
教学难点：通过数据对比分析，了解数据背后的原因。

教学过程

教学环节	教师活动	学生活动	设计意图
学生小组作品展示	展示前一阶段小组数据采集、可视化的作品。	观看、思考。	回顾项目过程性作品，激发学习兴趣。
数据对比与分析	组织各小组挑选不同气象数据进行对比，说出观点，分析理由。	挑选不同气象数据进行对比，说出观点，分析理由。	引导学生数据对比，体会天气与人类生活之间的密切关系，体会数据的生活应用价值。
对比分析，呈现观点	组织学生完成开放式数据对比分析、资料查找、观点分享活动。	通过网络搜索验证观点，并借助PPT等工具展示、分享自己的作品。	引导学生数据对比，体会天气与人类生活之间的密切关系，体会数据的生活应用价值。
展示与交流	组织小组展示活动；评价反馈单。	小组展示单元探究成果，分享数据对比后得出的观点；结合评价反馈单，点评其他组的分享内容。	评价与反思。

【单元教学评价】

本单元的教学评价,主要是教师在每一个活动的课堂教学中,通过对学生的学习情绪、学习活动参与的积极性及达成度,以及每一项任务的实现效果及个性化的展示进行综合评价。

单元评价目标:

单元名称	自制气象站——数据采集、处理和可视化
序号	评价目标
1	认识天气现象、气象元素和气象数据。
2	借助图形化编程软件,实现数据采集、处理和可视化。

评价内容设计

评价目标序号	1
评价活动方式	评价主体:教师互评 评价题型:主观题 评价载体:口答
评价活动描述	评价活动任务: 1. 选择题:常见的天气要素有(　　)。(多选) 　A. 天气现象(晴、雨……)　　B. 空气温度 　C. 空气湿度　　　　　　　　D. 空气质量 2. 判断题:自然界中有不同的天气现象,除了用肉眼去观察,更多的可以用气象元素来表示。(　　) 3. 判断题:气象元素可以通过气象数据来表示和记录。(　　)
评价观测标准	1. 答案是"ABCD"。 2. 答案是"正确"。 3. 答案是"正确"。
评价预期分析	若有学生选择错误,可能还没有很好地认识气象元素和气象数据,教师可以针对性做出辅导。
评价目标序号	2
评价活动方式	评价主体:学生自评、互评 评价题型:主观题 评价载体:口答+上机操作

（续表）

评价活动描述	评价活动任务： 1. 翻看自己设计的学习档案袋，查看它的完整性。

过程性评价指标			自评	互评
解决问题	怎么做	A. 能清楚地说出气象站的功能分析，以及任务分解后的问题解决序列。		
		B. 能大致说出气象站的功能分析，以及任务分解后的问题解决序列。		
		C. 能在同伴帮助下说出气象站的功能分析，以及任务分解后的问题解决序列。		
展示表达	讲清楚	A. 能清楚地说出数据采集、数据可视化的方法和过程。		
		B. 能大概说出数据采集、数据可视化的方法和过程。		
		C. 能受同伴启发说出数据采集、数据可视化的方法和过程。		
	用技术	A. 能用慧编程软件创编出自制气象站作品，实现气象数据的采集和可视化。		
		B. 能借助同伴的力量用慧编程软件创编出"自制气象"站作品，基本实现气象数据的采集和可视化。		
		C. 不能创编出"自制气象"站作品。		

2. 参考下表填写评价表。

实施条件：

(1) 学生拥有一份学习档案袋，每次上课都及时完善；

(2) 需要下发一些评价表，用以确认学生的学习表现。

评价观测标准	学习档案袋建设是否完整，是体现档案袋能否检测学习过程和学习水平的重要依据。本单元学习档案袋需要有以下内容板块：学习单、反馈表、过程性作品等。
评价预期分析	1. 在档案袋的建设情况中，如有未完成的板块，说明学生没有及时更新资料，老师要向学生强调及时记录过程的重要性； 2. 在对学生的学习表现进行评价时，如果有的评价项目学生未达到要求，教师应该让学生进行反思，然后提供一些帮助协助其学习。 例如：在气象站功能分析时，帮助学生用思维导图、流程图等可视化工具进行梳理和头脑风暴，将学生的思考直观、显性表达。

参考文献

1. 中华人民共和国教育部. 普通高中信息技术课程标准(2017年版2020年修订)[M]. 北京：人民教育出版社,2020.

2. 任友群,黄荣怀. 普通高中信息技术课程标准解读(2017年版2020年修订)[M]. 北京：高等教育出版社,2020.

3. 上海市中小学(幼儿园)课程改革委员会. 上海市中小学信息科技课程标准解读[M]. 上海：华东师范大学出版社,2006.

4. 上海市教育委员会. 上海市中小学信息科技课程标准[M]. 上海：上海教育出版社,2004.

5. 上海市教育委员会教学研究室. 上海市小学信息科技学科教学基本要求[M]. 上海：中华地图学社出版,2017.

6. 上海市教育委员会教学研究室. 上海市初中信息科技学科教学基本要求[M]. 上海：中华地图学社出版,2017.

7. 初中信息科技(第一册)(试用本)[M]. 上海：华东师范大学出版社.2019.

8. 高中信息科技(试用本)[M]. 上海：中国地图出版社,中华地图学社.2015.

9. 设计与创作(选学模块)(试用本)[M]. 上海：上海科技教育出版社,华东师范大学出版社,中华地图学社,2008.

10. 上海市教育委员会教学研究室. 中学信息科技单元教学设计指南[M]. 北京：人民教育出版社,2017.

11. 杨晓哲,任友群. 普通高中信息技术课程(2017年版)教师指导信息技术[M]. 上海：上海教育出版社,2019.

12. 谢忠新. 中小学信息科技学科教学策略与方法[M]. 上海：华东师范大学出版社,2016.

13. 马宁,谢作如,吴俊杰. 中小学信息技术有效教学[M]. 北京：北京师范大学出版社,2015.

14. 陈广余. 向深度进发的中学化学教学[M]. 上海：上海教育出版社,2020.

15. 夏雪梅. 项目化学习设计：学习素养视角下的国际与本土实践[M]. 北京：教育科学出版社,2018.

16. 郭华. 深度学习：走向核心素养[M]. 北京：教育科学出版社,2018.

17. 张悦颖,夏雪梅. 跨学科的项目化学习设计："4+1"课程实践手册[M]. 北京：教育科学出版社,2018.

18. 叶金霞.中学信息技术教学与实践研修(修订版)[M].北京：高等教育出版社,2006.

19. 李艺,李冬梅.信息技术教学方法：继承与创新[M].北京：高等教育出版社,2003.

20. 李永婷.单元知识结构整体教学设计模式研究[D].南京：南京师范大学,2018.

21. 杨芹高中思想政治课单元教学设计研究[D].上海：上海师范大学,2017.

22. 罗强生.核心素养体系之下的物理知识单元教学研究[D].四川：西华师范大学,2020.

23. 刘艳平.小学数学个性化单元教学改革的个案研究[D].长春：东北师范大学,2016.

24. 马瑞丹.基于信息技术核心素养培养的跨学科学习活动设计与实践[D].保定：河北大学,2020.

25. 颜凤菊.基于科学大概念的跨学科主题单元设计[D].宁波：宁波大学,2013.

26. 周纯.基于核心概念的新技术探究单元教学设计探索——以人工智能教学内容为例[J].教育传播与技术,2019(3)